自治体職員のための

# 災害救援法務ハンドブック

改訂版

―備え、初動、応急から復旧、復興まで―

中村健人／岡本 正
［著］

第一法規

# はじめに

　私は、阪神・淡路大震災や東日本大震災といった大規模災害の直接の被災者になったことがない。

　しかし、私が現在の生活を維持するなら、南海トラフ地震によって大打撃を受ける被災地域に身を置くことになる。

　その時、私が、幸いにも生きながらえたとしたら、自治体職員としての地位も有する法律家としてどのように身を処すべきか、そのことを念頭に、持てる限りの知識と想像力を駆使して、被災者を支援する自治体職員が担う実務について、災害法制の観点からとりまとめたのが本書である。

　そのため、本書の特徴として、関連法制度を概説したり、災害法制に関する法的論点を網羅したりすることよりも、大規模災害時に想定される主な自治体職員の実務に必要な法的知識とその活用について、できる限り時系列で示すことに力点が置かれていることが挙げられる。

　ここでいう「大規模災害」は、主として首都直下地震、南海トラフ地震及びそれと同程度の災害を念頭に置いており、当該災害には、災害救助法、被災者生活再建支援法、災害弔慰金の支給等に関する法律のように、一定の発動要件がある主要な災害関連法令が適用されることを前提としている。

　ところで、本書の趣旨や特徴が上述のようにある程度限定的なものだとしても、その実現を私一人の力量によることは、あまりに荷が重いと感じた。

　そこで、私が自治体の災害法制実務に関心を持つきっかけを作ってくれた弁護士の岡本正氏に本書の共同執筆を依頼した。

　岡本氏は、災害復興法学の提唱者であり、すでに数々の輝かしい実績をあげているが、司法修習の同期であることが幸いしてか、この分野ではほぼ無名の私の依頼を快諾してくれた。

　岡本氏の災害法制及びその実務に関する豊富な知識と深い洞察がなければ、本書が日の目を見ることはなかった。この場を借りて、岡本氏に

心より感謝の意を表したい。

本書は、大規模災害に際して、自治体職員が担う実務を、事前準備、初動、応急、復旧、復興という時系列で取り上げているが、これらの実務を順番に実施すればよいというわけではなく、例えば、被災者の救出、医療の提供、避難所の設置などは、同時並行で実施しなければならない実務である点には留意されたい。

大規模災害発生時の自治体職員の実務においては、おそらく想定外に次ぐ想定外への対処が求められるだろう。

本書は、これらのすべてに対処することを意図するものではなく（そもそもそのような意図の実現は人智の及ぶところではないが）、自治体職員が、大規模災害発生時の混乱の中でも方向性を失わないようにすることを目的とするものである。

その意味で、本書が、大規模災害に立ち向かう自治体職員の羅針盤となりうることについては筆者として多少なりとも自負があるが、被災者を導く具体的な道程は、それぞれの自治体職員が自ら切り拓かなければならないことをお忘れなきようお願いしたい。

本書の発刊に当たっては、第一法規株式会社出版編集局編集第二部の梅牧文彦氏に多大なる助力をいただいた。この場を借りて厚く御礼申し上げる。

また、本書における私の執筆が、その荷の重さにかかわらず決してくじけることがなかったのは、大規模災害から守るべき幼い我が子たちの存在によるところが大きい。

読者の皆様には、本書冒頭にこのことを記しておくのをお許しいただきたい。

令和元年10月

中村　健人

# 改訂版　はじめに

　令和元年発行の『災害救援法務ハンドブック』は、幸い多くの読者に恵まれ、このたび、改訂版を世に出させていただく運びとなった。

　災害法制は複雑に入り組んでいるばかりでなく、改正も頻繁に行われる。

　自治体職員は、災害時に被災者を救援するための重要な役割を担う実務家であるため、災害法制の理解と最新の関連法令情報をもとに、現実の災害に具体的に対処できなければならない。

　この「現実の災害に具体的に対処」する際の一助になればとの思いで本書を執筆したため、本書の特徴は、災害時に想定される自治体職員の実務に必要な法的知識とその活用について、できる限り時系列で示すことにあり、かかる特徴は改訂版においても変わりはない。

　そこで、改訂版においては、初版発行以降における災害関連法令の改正を反映するとともに、自治体職員にとって本書がより使いやすくなるよう、初版におけるURL表記をQRコードに変更するといった工夫をした。

　また、関係各省庁が自治体向けに発出しているガイドライン、手引き、技術的助言等について、新たなものや改定がなされているものを反映した。

　さらに、世界中を大混乱に陥れた新型コロナウイルス感染症は、特に災害時における避難所設置・運営のあり方に大きな影響を与えたが、この点についても必要と思われる範囲で記述を追加した。

　本書の改訂にあたっては、初版に引き続き弁護士の岡本正氏にも執筆を依頼した。改訂版における新型コロナウイルス感染症に係る記述や男女共同参画の視点などは、災害法制実務の最先端にいる岡本氏ならではのものである。改めて、岡本氏には心より御礼申し上げる。

　改訂版の発行にあたっては、第一法規株式会社出版編集局編集第二部の梅牧文彦氏に多大なる助力をいただいた。ここに記して謝意を表したい。

　　　　　　　　　令和3年6月

　　　　　　　　　中村　健人

## 目次 改訂版 自治体職員のための 災害救援法務ハンドブック
―備え、初動、応急から復旧、復興まで―

はじめに　Ⅲ

改訂版　はじめに　Ⅴ

凡例　法令略称表　XII

## 第1章　事前準備編

1　地域防災計画 ……………………………………………………………………… 2
　(1) 地域防災計画の位置づけ　2
　(2) 地域防災計画における重点事項　2
　(3) 地域防災計画の展開　4

2　避難所の指定・運営準備 ………………………………………………………… 5
　(1) 避難所の指定　5
　(2) 避難所の運営準備　7
　(3) 救援物資の備蓄　7
　(4) 感染症対策　8

3　避難行動要支援者名簿・個別避難計画 ………………………………………… 9
　(1) 名簿の作成　9
　(2) 名簿情報の提供　9
　(3) 個別避難計画　11

4　安否・行方不明者情報の照会・公表への備え ……………………………… 12
　(1) 安否情報照会マニュアルの整備　12
　(2) 児童虐待やDV等への配慮　13
　(3) 行方不明者情報開示タイムラインの準備　13

5　水道の回復への備え …………………………………………………………… 14
　(1) 水道の早期回復の必要性　14

- (2) 上水道回復への備え　15
- (3) 下水道回復への備え　15

## 6　被災者台帳の導入準備 …………………………………… 16
- (1) 被災者台帳の作成チェックリスト　16
- (2) 法的側面と実務的側面　17

## 7　賃貸型応急住宅（みなし仮設）への備え …………………… 18
- (1) 2段階の応急仮設住宅供与　18
- (2) 民間賃貸住宅の供給と関係団体との協議　18

## 8　広域火葬への備え ………………………………………… 19
- (1) 広域火葬の方針　19
- (2) 広域火葬計画　20

## 9　災害廃棄物処理への備え ………………………………… 21
- (1) 災害廃棄物処理の状況　21
- (2) 災害廃棄物処理計画の策定　21
- (3) 災害廃棄物処理に関する協定　22
- (4) 災害廃棄物広域処理の指針　23

## 10　災害協定（災害時応援協定）……………………………… 24
- (1) 法律相談実施のための災害協定　24
- (2) 災害協定をあらかじめ締結する意味　24
- (3) 災害協定の具体的内容と実績　25
- (4) 多士業連携との災害協定　27

## 11　災害法制の研修・勉強会 ………………………………… 27
- (1) 災害法制実務研修の実施　27
- (2) 災害法制実務研修は全自治体職員を対象者に　28

**コラム1**　専門士業（法律・技術・福祉系）が災害時にできること　29
**コラム2**　弁護士による法律相談の機能と被災者のリーガル・ニーズ　31

## 第2章 初動編

1 **被災者の救出** ································································ 38
　(1) 救出の主体　38
　(2) 安否確認　40
　(3) 行方不明者の氏名の公表　43

2 **医療の提供** ···································································· 46
　(1) 医療の提供主体　46
　(2) 医療の提供体制　47
　(3) 健康保険証の紛失への対応　49

3 **避難者支援（第1段階）** ················································· 52
　(1) 避難所の設置（一般避難所）・避難者名簿作成　52
　(2) 避難所の運営　53
　(3) 避難所の解消　53
　(4) 避難所運営ガイドライン　54

　コラム3　災害救助法を徹底活用せよ　57
　(5) 新型コロナウイルス感染症と避難所対応　59

　コラム4　避難所「TKB」　60

4 **食品・飲料水・生活物資の提供** ······································· 61
　(1) 食品・飲料水等の提供　61
　(2) 被服・寝具の提供　62
　(3) トイレの提供　63
　(4) 簡易ベッドの提供　66

5 **輸送路の確保** ································································ 69
　(1) 輸送路─初動時の基幹インフラ　69
　(2) 交通規制　70
　(3) 道路補修・啓開（車両等撤去・損失補償を含む）　71
　(4) 救援物資の輸送　73

## 6 男女共同参画の視点 …………………………………………………………… 74
（1）災害対応力を強化する女性の視点　74
（2）初動における女性等への配慮　74

# 第3章　応急編

## 1 避難者支援（第2段階） …………………………………………………… 78
（1）福祉避難所の設置・運営　78
（2）広域避難　79

## 2 通行路（被災者の移動用）の確保 ………………………………………… 80

## 3 水道の回復 ……………………………………………………………………… 82
（1）ライフラインの回復　82
（2）上水道の回復　83
（3）下水道の回復　84

**コラム5** 災害時のトイレ利用に関する注意喚起　85

## 4 罹災証明書の発行 …………………………………………………………… 87
（1）罹災証明書　87
（2）被害認定の不服への対応　87

## 5 被災者台帳の作成 …………………………………………………………… 88
（1）被災者台帳の導入　88
（2）被災者台帳と個人情報　89
（3）被災者台帳の避難支援への活用　92
（4）被災者台帳の応急仮設住宅供与への活用　97

## 6 応急仮設住宅の供与 ………………………………………………………… 98
（1）避難から居住へ　98
（2）賃貸型応急住宅（みなし仮設）の供与（第1段階）　99
（3）建設型応急住宅の供与（第2段階）　101

**コラム6** 応急仮設住宅と建築基準法の関係　105
**コラム7** 応急修理期間中における応急仮設住宅の使用　106

## 7 遺体の埋火葬 ……………………………………………………………… 107
 (1) 災害の犠牲者（死者）　107
 (2) 検視・検案から埋火葬許可まで　107
 (3) 遺体の搬送と埋葬　109
 (4) 広域火葬　110

# 第4章　復旧編

## 1 被災者に対する金銭的支援 ……………………………………………… 114
 (1) 応急から復旧へ　114
 (2) 被災者の金銭面での法的ニーズ　114
 (3) 被災者生活再建支援金　119
 (4) 災害弔慰金（総論）　120
 (5) 災害弔慰金（審査・認定・金額判定）　122
 (6) 義援金　126
 (7) 生活保護　127
 (8) 金銭支給型の支援　130
 (9) 債務免除・支払免除型の支援　131
 (10) 民間企業・保険会社等による支援　132
 (11) 災害版リバースモーゲージ　134

**コラム 8** 弔慰金等支給の発動要件　136
**コラム 9** 情報が伝わらないメカニズムを克服する「官民連携の情報伝達支援」　137

## 2 災害廃棄物処理 …………………………………………………………… 140
 (1) 復興の基盤としての災害廃棄物処理　140
 (2) 災害廃棄物の処理主体　140
 (3) 災害廃棄物の処理対象　140
 (4) 災害廃棄物処理の初動対応　142
 (5) 災害廃棄物の広域処理　142

**コラム10** 災害廃棄物の広域処理モデル－バックヤード方式－　144
- (6) 国庫補助　145
- (7) 廃棄物の処理及び清掃に関する法律・災害対策基本法の改正　145

**コラム11** 土砂混じりがれきの撤去　146

## 第5章 復興編

**1 自然災害被災者債務整理ガイドライン**……………………………………… 152
- (1) 制度の概要　152
- (2) 制度の周知と説明会　153

**2 紛争の解決とまちづくり**……………………………………………………… 157
- (1) 被災地における紛争解決ニーズ　157
- (2) 専門家に相談できる拠点の整備　158
- (3) 災害ADRへの協力　161
- (4) 災害復興段階における法的支援　162

## 第6章 役立つ文献・ツール編

**1 災害法制関連の参考文献**……………………………………………………… 168
- (1) 著者関連文献等　168
- (2) 主な参考文献　170

**2 被災者の生活再建のための法制度を学ぶ防災教育ツール**………………… 171

**3 その他の資料**…………………………………………………………………… 173

おわりに　174

改訂版　おわりに　176

索引　177

装丁　篠　隆二

凡　例

■法令略称表

| 略称 | 正式名称 |
|---|---|
| 憲法 | 日本国憲法 |
| 災対法 | 災害対策基本法 |
| 災対法施行令 | 災害対策基本法施行令 |
| 災対法施行規則 | 災害対策基本法施行規則 |
| 災救法 | 災害救助法 |
| 災救法施行令 | 災害救助法施行令 |
| 支援法 | 被災者生活再建支援法 |
| 支援法施行令 | 被災者生活再建支援法施行令 |
| 弔慰金法 | 災害弔慰金の支給等に関する法律 |
| 弔慰金施行令 | 災害弔慰金の支給等に関する法律施行令 |
| 行手法 | 行政手続法 |
| マイナンバー法 | 行政手続における特定の個人を識別するための番号の利用等に関する法律 |
| 消組法 | 消防組織法 |
| 道交法 | 道路交通法 |
| 個人情報保護法 | 個人情報の保護に関する法律 |
| 建基法 | 建築基準法 |
| 特定非常災害特別措置法 | 特定非常災害の被害者の権利利益の保全等を図るための特別措置に関する法律 |
| 大規模災害復興法 | 大規模災害からの復興に関する法律 |
| 廃掃法 | 廃棄物の処理及び清掃に関する法律 |

# 1 地域防災計画

## (1) 地域防災計画の位置づけ

日本という国全体における防災の基本を示すのは、中央防災会議が作成する「**防災基本計画**」である（災対法34条1項）。

**地域防災計画**は、防災基本計画を踏まえて、自治体の防災会議（防災会議を設置しない市町村にあっては、市町村長）によって作成されるものである（災対法40条1項、42条1項、110条。以下、災対法110条の記載は省略する）。

その他の主要な防災計画として、内閣の統轄のもとにある国の行政機関（指定行政機関）及び独立行政法人、日本銀行、日本赤十字社等の公共的機関、電気、ガス等の公益的事業を営む法人（指定公共機関（災対法2条1項5号））が作成する「**防災業務計画**」がある（災対法36条1項、39条1項）。

地域防災計画は、防災業務計画が全国的視野に立った地域共通的なものであるのに対し、自治体という特定地域に着目し、当該地域の特殊性を加味するとともに、当該地域の防災にかかわりのある機関等の防災に関して処理すべき事務又は業務について広く定めたものである。

そして、地域防災計画のうち、都道府県が作成する**都道府県地域防災計画**は、関係機関等の処理すべき事務又は業務を包含し、その地域における総合的な運営を図ることを主たる目的としているのに対して、市町村が作成する**市町村地域防災計画**は、当該市町村を中心とし、その区域における防災活動の効果的かつ具体的な実施を図ることに重点が置かれる。

自治体は、かかる地域防災計画を毎年見直し、必要に応じて修正しなければならない（災対法40条1項、42条1項）。

## (2) 地域防災計画における重点事項

防災基本計画は、地域防災計画において特に重点を置くべき事項として、以下の8項目を挙げている（「防災基本計画」（中央防災会議）令和2年5月第1編第5章）。

## ①大規模広域災害への即応力の強化に関する事項

大規模広域災害にも対応しうる即応体制を充実・強化するため、発災時における積極的な情報の収集・伝達・共有体制の強化や、国と地方公共団体間及び地方公共団体間の相互支援体制を構築すること。

また、国及び地方公共団体と企業等との間で協定を締結するなど、各主体が連携した応急体制の整備に努めること。

また、相互支援体制や連携体制の整備に当たっては、実効性の確保に留意すること。

## ②被災地への物資の円滑な供給に関する事項

被災地への物資の円滑な供給のため、被災地のニーズを可能な限り把握するとともに、ニーズの把握や被災地側からの要請が困難な場合には、要請を待たずに必要な物資を送り込むなど、被災地に救援物資を確実に供給する仕組みを構築すること。

## ③住民等の円滑かつ安全な避難に関する事項

住民等の円滑かつ安全な避難を確保するため、ハザードマップの作成、避難勧告等の判断基準等の明確化、緊急時の避難場所の指定及び周知徹底、立退き指示等に加えての必要に応じた「屋内安全確保」の指示、**避難行動要支援者名簿**の作成及び活用を図ること。

## ④被災者の避難生活や生活再建に対するきめ細やかな支援に関する事項

被災者に対して避難生活から生活再建に至るまで必要な支援を適切に提供するため、被災者が一定期間滞在する**指定避難所**の指定、周知徹底及び生活環境の確保、被災者に対する円滑な支援に必要な**罹災証明書**の発行体制の整備、積極的な**被災者台帳**の作成及び活用を図ること。

## ⑤事業者や住民等との連携に関する事項

関係機関が一体となった防災対策を推進するため、市町村地域防災計画への地区防災計画の位置づけなどによる市町村と地区居住者等との連携強化、災害応急対策に係る事業者等との連携強化を図ること。

## ⑥大規模災害からの円滑かつ迅速な復興に関する事項

大規模災害からの円滑かつ迅速な復興のため、地方公共団体は、**復興計画の作成等**により、住民の意向を尊重しつつ、計画的な復興を図ること。

## ⑦津波災害対策の充実に関する事項

津波災害対策の検討に当たっては、以下の２つのレベルの津波を想定することを基本とすること。

ア　発生頻度は低いものの、発生すれば甚大な被害をもたらす最大クラスの津波

イ　最大クラスの津波に比べて発生頻度が高く、津波高は低いものの大きな被害をもたらす津波

また、津波からの迅速かつ確実な避難を実現するため、住民の津波避難計画の作成、海岸保全施設等の整備、津波避難ビル等の避難場所や避難路等の整備、津波浸水想定を踏まえた土地利用等ハード・ソフトの施策を柔軟に組み合わせて総動員する「多重防御」による地域づくりを推進すること。

## ⑧原子力災害対策の充実に関する事項

原子力災害対策の充実を図るため、**原子力災害対策指針**（令和元年７月３日原子力規制委員会）を踏まえつつ、緊急事態における原子力施設周辺の住民等に対する放射線の重篤な確定的影響を回避し又は最小化するため、及び確率的影響のリスクを低減するための防護措置を確実に行うこと。

## （3）地域防災計画の展開

自治体は、地域防災計画を作成して安心してはならない。

計画はあくまで計画に過ぎないのであり、自治体は、実際に大規模災害が発生したときに、被災者の救援のために当該計画を具体的活動として展開できなければならない。

そのためには、地域防災計画に定められた事前準備が実施されていることを前提として、大規模災害の発災直後から復興に至るまでの間、どのような手順で活動することが被災者の救援にとって最も望ましいのかを追求するためのシミュレーションが欠かせない。

被災者の救出や医療の提供、避難

等については、各自治体において住民参加も含めた実地訓練がなされることがあり、訓練が実施された事項については大規模災害発災時に相応の効果が期待される。

しかし、大規模災害の発災から復興に至るまでの過程のすべてについて実地訓練を行うのは極めて困難である。

実地訓練の隙間をどこまで埋めることができるかは、平時において、自治体職員が被災者救援の具体的場面について、どれだけ想像力を働かせることができるか、つまり、机上訓練にかかっていると思われる。

本書の第2章以下は、大規模災害発生時における自治体の実務について、初動から復興に至る過程を、時系列で整理し、各実務を災害法制の観点からまとめることにより、自治体職員が被災者救援の各場面をできる限り具体的にイメージできるよう努めている。

よって、本書は、大規模災害発生時に自治体職員が実務に取り組む際のハンドブックとなることを主眼とするものではあるが、自治体職員が被災者救援に関する机上訓練を繰り返し、実地訓練の隙間を少しでも多く埋めていき、地域防災計画の不断の見直しと修正により、その実効性を高めるためのツールとしても活用することが可能である。

## 2 避難所の指定・運営準備

### (1) 避難所の指定

市町村長は、被災者が避難のために必要な期間又は居所の確保のため一時的に滞在する施設である避難所の確保を図るため、一定の基準に適合する公共施設その他の施設を、**指定避難所**としてあらかじめ指定し、公示しておかなければならない（災対法49条の7第1項、2項、49条の4第3項）。

ただ、大規模災害が発生した場合、公共施設を避難所とするだけでは被災者を収容しきれない可能性が高い。

そこで、市町村としては、民間施設について、避難所利用の促進を図

る必要がある。

　市町村長は、民間施設を指定避難所として指定する場合、当該施設の管理者の同意を得なければならないが（災対法49条の7第2項、49条の4第2項）、かかる同意は、市町村と民間施設を所有している企業との間における協定の締結をもってなされるのが一般的であろう。

　指定避難所の指定基準として、①必要かつ適切な規模のものであること、②被災者を速やかに受け入れ、又は生活関連物資を被災者に配布することが可能な構造又は設備を有するものであること、③想定される災害による影響が比較的少ない場所にあるものであること、④車両その他の運搬手段による輸送が比較的容易な場所にあるものであること、⑤主として高齢者、障害者、乳幼児その他の特に配慮を要する者（**要配慮者**）を滞在させることが想定されるものにあっては、要配慮者の円滑な利用の確保、要配慮者が相談し、又は助言その他の支援を受けることができる体制の整備その他の要配慮者の良好な生活環境の確保に資する事項について一定の基準に適合するものであることが挙げられている（災対法施行令20条の6第1号～5号）。

　上記①から④の要件を満たす施設は「**指定一般避難所**」、上記①から⑤の要件を満たす施設は「**指定福祉避難所**」と呼ばれる（災対法施行規則1条の7の2）。

　このうち、指定福祉避難所については、指定して公示すると、受入れを想定していない被災者が避難してくるとの懸念があることを踏まえ、令和3年5月の災対法施行規則の改正により、指定福祉避難所ごとに受入対象者を特定し、本人とその家族のみが避難する施設であることを公示する制度が創設された（災対法施行規則1条の7の2第2項）。

　かかる制度の創設を踏まえ、市町村長は、既存の指定避難所であって指定福祉避難所としての要件を満たすもの又は今後の指定福祉避難所の指定にあたり、受入対象者を当該避難所の施設管理者と調整の上で特定し、速やかに公示すべきである。

　以上の点を含む福祉避難所の確保については、内閣府（防災担当）による「**福祉避難所の確保・運営ガイドライン**」（平成28年4月（令和3年5月改定））に詳しいので、担当自治体職員としては、同ガイドライ

ンを参考に事前準備を進めることが考えられる。

いずれにしても、市町村としては、耐震、耐火、耐水等に関する施設の安全性が確保されていることを必須の条件とした上で、他の基準については比較的柔軟に解釈し、まずは想定される避難者に対する必要避難所数確保を目指すのが妥当と思われる。

### (2) 避難所の運営準備

災対法86条の6及び86条の7を踏まえて策定された内閣府による**「避難所における良好な生活環境の確保に向けた取組指針」**（平成25年8月（平成28年4月改定）。以下**「内閣府避難所指針」**という）第2、4(3)によれば、避難所の運営責任者については、発災直後は施設管理者や市町村職員が担い、最終的には避難者による自主的運営に移行することが想定されている。

また、発災直後から当面の間の運営責任者については、交替ができる体制に配慮することとされている（内閣府避難所指針第2、4(1)③参照）。この点に関する実務的な対応としては、勤務市町村に在住している職員については、当該職員の住居の直近避難所の運営に当たらせることが考えられる。これにより、効率的な避難所の運営を確保しつつ、職員の家族の安否確認も併せて行うことが可能になろう。

ただし、この方法による場合、大規模災害が早朝・深夜に発生する可能性もあることから、当該市町村は、大規模災害発生に際し、改めて指示を待つまでもなく直ちに居所直近の避難所の運営に当たるよう対象職員に周知しておくのが相当である。

避難所運営に関するこのような取決めがない場合は、発災後庁舎にいる（又は参集した）職員を中心としてローテーションを組まざるを得なくなるが、極めて非効率的であるため、十分な事前準備が必要である。

### (3) 救援物資の備蓄

避難所における運営準備として欠かせないのが、被災者向け救援物資の備蓄の実施である。

大規模災害発生時の避難所において被災者に提供される救援物資は、段階的には発災後の各種組織による輸送により充実していくことが想定されるが、かかる輸送が速やかに実

施されるとは限らない。

よって、市町村としては、避難所に救援物資が届くまでの間、被災者に対する最低限の救援物資を備蓄しておく必要がある。

この点については、内閣府（防災担当）による**「避難所運営ガイドライン」**（平成28年4月）が参考になる。

当該ガイドラインによれば、避難所における備蓄物資として確保すべきものとして、①障害者、外国人向けの案内掲示等、②毛布・飲料水・非常食、③携帯トイレ、簡易トイレ、衛生用品が挙げられており、確保を検討すべきものとして、①投光器、発電機等の明かり、電源と燃料、②雨よけ、敷物、囲い等に活用可能なブルーシートが挙げられているが、これらに限らず、地域の特性や慣習も踏まえ、最大限可能な範囲で被災者の支援に必要な物資の備蓄を実施すべきであろう（コラム4「避難所「TKB」」（60頁）参照）。

なお、当該ガイドラインは、救援物資の備蓄に限らず、市町村が平常時から実施すべき避難所の運営体制の確立全般についてチェックリスト形式でまとめられているので、積極的に活用することが考えられる。

## （4）感染症対策

2020（令和2）年以降の新型コロナウイルス感染症のまん延をきっかけとして、避難所における感染症対策が不可欠となった。内閣府（防災担当）は、**「新型コロナウイルス感染症を踏まえた災害対応のポイント」**（2020年6月16日第1版）や**「新型コロナウイルス感染症対策に配慮した避難所開設・運営訓練ガイドライン」**（2021年6月16日第3版）を策定し、避難所の環境整備に対する平時からの対応や災害時の運用について指針を示している。特に事前準備としては、可能な限り多くの避難所の開設、ホテル・旅館等の活用、国の研修所、宿泊施設等の貸出、親戚や知人の家等への避難、自宅療養者等の避難の検討、避難所開設・運営訓練の実施などがポイントとして示されている。これらは感染症対策だけではなく、被災者の生活環境を改善するためにも重要な項目であり常に参考にされるべきものである。

## 3 避難行動要支援者名簿・個別避難計画

### (1) 名簿の作成

　市町村長は、当該市町村に居住する高齢者、障害者、乳幼児その他の特に配慮を要する者（**要配慮者**）のうち、災害が発生するおそれがある場合に自ら避難することが困難な者であって、その円滑かつ迅速な避難の確保を図るため特に支援を要する者（**避難行動要支援者**）の把握に努めるとともに、地域防災計画の定めに従って、避難行動要支援者について避難の支援、安否の確認等に必要な措置（避難支援等）を実施するための基礎となる名簿として、あらかじめ**避難行動要支援者名簿**を作成しておかなければならない（災対法49条の10第1項）。

　避難行動要支援者名簿には、避難行動要支援者の氏名、生年月日、性別、住所又は居所、電話番号その他の連絡先（メールアドレス等）、避難支援等を必要とする事由のほか、避難支援等の実施に関し市町村長が必要と認める事項（同居家族や同居していない介護者の連絡先、当該避難行動要支援者に関する情報の提供先及びその連絡先等）が掲載される（災対法49条の10第2項）。

　市町村の個人情報保護条例には、一般的に、本人の同意がない限り、当該市町村が保有する個人情報の目的外利用及び外部提供を禁止する条項があるが、市町村長は、避難行動要支援者名簿の作成に必要な限度で、その保有する要配慮者の個人情報の目的外利用が可能であり、また、関係都道府県知事その他の者に対して、要配慮者に関する情報の提供を求めることが可能である（災対法49条の10第3項、4項）。

　つまり、市町村長は、避難行動要支援者名簿を作成するに当たり、該当する要配慮者の個人情報が当該名簿に掲載されることについて、本人の同意を得なくてよい。

### (2) 名簿情報の提供

　避難行動要支援者名簿を作成した市町村長は、災害の発生に備え、避難支援等の実施に必要な限度で、地域防災計画の定めに従って、本人の同意が得られない場合を除き、消防

機関、都道府県警察、民生委員、市町村社会福祉協議会、自主防災組織等に対し、名簿情報を提供することとされている（災対法49条の11第2項）。

避難行動要支援者を支援する関係者（**避難支援等関係者**）への名簿情報の提供については、心身の機能の障害等に関する情報を他者に知られることにより、避難行動要支援者やその家族等が社会生活を営む上で不利益を受けるおそれもあることから、平常時から行うものについては、事前に本人の同意を得ることが必要とされている。

この点について、条例の定めにより、本人の同意を不要とすることも可能である。例えば、プライバシーに配慮しつつ、当該市町村における避難行動要支援者の多数から同意が得られないなど、およそ避難行動要支援者名簿の実効性を確保できないと考えられる特段の事情が認められる場合には、本人の同意を不要とする条例を制定する余地もあるだろう（先例として「渋谷区震災対策総合条例」などがある）。

また、原則として本人の同意を不要としつつも、名簿掲載を積極的に否定した場合には名簿掲載を留保するなどの条例を制定するなどプライバシーに配慮した推定同意や逆手上げ方式を採用する条例も見受けられる（先例として「神戸市における災害時の要援護者への支援に関する条例」などがある）。

また、独自の条例を策定しなくても、それぞれの自治体の個人情報保護条例において第三者提供が可能な場合として、「個人情報保護審査会（審議会）の答申」などの要件が定められている場合には、当該審査会の答申を経る方法によることも可能である。但し、デジタル社会形成整備法51条による改正個人情報保護法（令和3年5月成立）の施行後は、個人情報保護条例は改正個人情報保護法に統合され廃止されるため、従前の例によることができず、前述の独自の同意を不要とする条例を新たに制定するなどの工夫が必要となることに留意が必要である。

このような条例策定等による対応を行わない場合には、いかに平常時において本人から同意をとるかが課題になるが、自治体によっては、住民基本台帳情報をもとに対象者宅へ同意確認書を郵送する際、「名簿制

度の案内」や「よくある質問」を同封することにより制度に対する理解を深めてもらい、本人同意につながる工夫をしたり、不同意者や未返信者に対して1年おきに同意確認を行い、同意者の確保に努めたりしている。

　また、大阪府北部地震に際し、発災直後は避難所の開設・運営や外部からの問合せ等への対応で手一杯となり、安否情報の集約まで手が回らなかった自治体があったことを踏まえ、自治体においては、平常時から避難支援等関係者と密接な関係を築き、発災時にどのような基準に基づき安否確認を開始し、どのような方法により安否確認を実施し、どのような手段により自治体へ報告するか等について定めておくことが望まれるとされている（内閣府政策統括官（防災担当）付参事官（被災者行政担当）「避難行動要支援者支援体制の構築について」自治体法務研究59号（2019年）15頁参照））。

　なお、市町村長は、平常時における避難支援等関係者への名簿情報の提供について本人の同意が得られなかったとしても、災害が発生し、又は発生するおそれがある場合において、避難行動要支援者の生命又は身体を災害から保護するために特に必要があると認めるときは、本人の同意を得ることなく、避難支援等の実施に必要な限度で、避難支援等関係者その他の者に対し、名簿情報を提供することができる（災対法49条の11第3項）。

　以上のことを含め、避難行動要支援者名簿の作成や情報提供については、内閣府（防災担当）による「**避難行動要支援者の避難行動支援に関する取組指針**」（平成25年8月（令和3年5月改訂））に詳しいので、担当自治体職員としては、同指針を参考に事前準備を進めることが考えられる。

## (3) 個別避難計画

　市町村長は、地域防災計画の定めるところにより、避難行動要支援者名簿に係る避難行動要支援者ごとに、本人の同意が得られない場合を除き、当該避難行動要支援者について避難支援等を実施するための計画（**個別避難計画**）を作成するよう努めなければならない（災対法49条の14第1項）。

　個別避難計画には、避難行動要支

援者名簿に記載の事項のほか、避難支援等関係者のうち当該個別避難計画に係る避難行動要支援者について避難支援等を実施する者（**避難支援等実施者**）の氏名又は名称、住所又は居所及び電話番号その他の連絡先（メールアドレス等）、避難施設その他の避難場所及び避難路その他の避難経路に関する事項のほか、避難支援等の実施に関し市町村長が必要と認める事項を記載することとされている（災対法49条の14第3項）。

個別避難計画の策定にあたり、避難行動要支援者に関する個人情報の自治体における内部利用（目的外利用）や関係都道府県知事その他の者に対して避難行動要支援者に関する情報の提供を求めることができる点は、避難行動要支援者名簿作成の際と同様である（災対法49条の14第4項、5項）。

個別避難計画に記載されている情報（**個別避難計画情報**）の避難支援等関係者への提供については、上述の避難行動要支援者名簿情報の提供とほぼ同様の仕組みが採用されているが、個別避難計画情報の提供にあたって原則として同意を取得すべき者として、避難行動要支援者のみならず、避難支援等実施者も含まれていることには留意が必要である（災対法49条の15）。

個別避難計画については、上述の「避難行動要支援者の避難行動支援に関する取組指針」における令和3年5月改定版において、同計画の様式例や記入例等も含めて解説されているので、担当自治体職員としては、同指針を参考に事前準備を進めることが考えられる。

## 4　安否・行方不明者情報の照会・公表への備え

### (1) 安否情報照会マニュアルの整備

関係者から被災自治体に対しては、住民や滞在者の生死や所在等の照会が多数なされる。照会者には、親族に限らず、被災者の勤務先企業や被災者が在籍する学校などの教育機関等あらゆる関係者が含まれる。

自治体の窓口としては、個人情報保護条例を正確に理解した上で、適

切な対応を行うことが求められる。

内閣府による通知「災害対策基本法等（安否情報の提供及び被災者台帳関連事項）の運用について」（平成26年1月24日府政防第60号・消防災第21号）においては、事前の体制整備として、「照会に当たって明らかにしなければならない事項」、「照会者の本人確認の方法」、「安否情報の収集・回答対象となる被災者及び照会者に提供する情報」などについて、その内容を解説している。これらは、大規模災害発生後に参照していては決して間に合わないので、事前にマニュアルやガイドラインを自治体内部で整備し、かつ電話対応等訓練を行っておく必要がある。

## （2）児童虐待やDV等への配慮

なお、児童虐待、ストーカー被害、DV被害などで親族や関係者から身を隠している住民も存在する。自治体としては、そのような場合に安否情報を回答してしまうことで、居所などが判明する危険を考慮し、安否照会への回答に躊躇することも十分考えられる。

自治体としては、このようなケースは事前に想定できるはずであり、あらかじめ安否照会に対して回答できる範囲を対象者から事情聴取しておく必要がある。

平常時からの支援すべき住民への呼びかけや、前述のように関係機関同士で事前の情報収集を怠らないようにすることで大規模災害時に対応できるのである。住民基本台帳の閲覧制限などの支援措置が執られている被災者などについても、例外的に安否照会への回答をしないなどの対応が求められることになる。

## （3）行方不明者情報開示タイムラインの準備

いかなるタイミングで行方不明者情報を公表するか、また氏名や住所のどの範囲の情報を公表するのかについては、災害発生後になってから検討している時間はない。そこで、ある程度機械的な「**行方不明者情報開示タイムライン**」を準備しておくことが必要になる。考慮事項としては、以下の点が挙げられる。

【行方不明者情報を集約する主体】

災害救助の主体となる都道府県、政令市、基礎自治体においてリアルタイムで情報共有できる体制を整備

すべきである。少なくとも安否情報の照会は都道府県と基礎自治体のいずれもが窓口となるのであり、これらが常に同じ情報を得られる必要がある。自衛隊、警察、消防、消防団、医療機関などでの情報集約担当者を事前に確実に決めておくこと。

【時間経過との関係での考慮】

3時間、6時間、12時間、18時間、24時間など一定の区切りで行方不明者情報の公表に踏み切るタイミングを決定しておくこと。現実に捜索と救助が可能な数字を当該自治体で想定される被害程度や救援リソースを考慮しながら検討しておくこと。

【公表すべき情報の考慮】

氏名だけの公表とするのか、片仮名表記するのか、漢字表記にするのか、住所は字や丁目単位までとするのか、など公表時のルールを詳細に定めておくことで、手遅れとなる事態に陥らないよう検討しておくこと。

## 5 水道の回復への備え

### (1) 水道の早期回復の必要性

大規模災害時においては、被災者が日常生活を取り戻すために、電気、水道、ガスといったライフラインの回復が必要不可欠となる。

このうち、上水道については原則自治体が経営主体となっている（水道法6条2項）。

また、下水道についても、自治体が設置や修繕等の管理を行うこととされている（下水道法3条）。

よって、大規模災害が発生した場合、上下水道（以下、合わせて「水道」という）については、自治体が回復を主導しなければならない。

上水道の回復の重要性についてはあえて言うまでもないところだが、下水道についても、下水道施設の被災は、トイレが使用できないなど住民生活に直接大きな影響を与えるばかりでなく、生活空間での汚水の滞留や未処理下水の流出に伴う公共用水域の汚染による伝染病の発生等、また、雨水排水機能等の喪失による甚大な浸水被害の発生など、多くの住民の生命・財産を危険にさらす重大な二次災害を発生させるおそれがあることを認識する必要がある。

本書では、水道の回復について、応急編（第3章3「水道の回復」）で取り上げているが、当該回復に当たっては、事前準備の充実によって回復の早期化が見込まれる。

水、特に上水は、電気、ガスと比べても、生命維持に不可欠である点において、最重要ライフラインと考えられる。

そこで、水道の回復に関する主な事前準備事項は、特に検討を要する法的事項を含むものではないが、その重要性に照らし、本項で触れておくこととする。

### (2) 上水道回復への備え

上水道の回復については、大規模災害による関連施設の被害が広域にわたることを前提として、いかにして広域かつ長期の応援体制を事前に構築できるかがポイントとなる。

この点については、公益社団法人日本水道協会によって制定され、東日本大震災を踏まえて改訂された**「地震等緊急時対応の手引き」**（平成25年3月改訂）を参考として対応するのが妥当であろう。

同手引きによれば、平常時の相互応援の準備として、水道事業体によるものとして、①資機材の準備、②配管図面等図書類の整備保管、③情報連絡の確保、④道路・交通等管理者等の関係機関との連絡調整、⑤災害査定用資料マニュアルの作成、⑥平常時の広報の実施、⑦応急活動マニュアルの整備、⑧応援隊の受け入れ体制の構築が挙げられており、一方、応援水道事業体の準備として、①応援隊の編成、②資機材等の準備、③応援初動時の応援隊の宿舎・給食・駐車場等の確保、④応援に向かう緊急通行車両の申請又は申請準備が挙げられている。

### (3) 下水道回復への備え

下水道の回復については、事前に関連施設の耐震・耐津波対策をいかに進めるかがポイントとなる。

この点については、国土交通省の下水道地震・津波対策技術検討委員会**「下水道地震・津波対策技術検討委員会報告書―東日本大震災における下水道施設被害の総括と耐震・耐津波対策の現状を踏まえた今後の対策のあり方―」**（平成24年3月）を参考として対応するのが妥当であろう。

同報告書によれば、既設下水道施

設の耐震性及び耐津波性の向上を図るために、地震・津波時において下水道が有すべき機能の必要度や緊急度に応じて、段階的に短期、中期及び長期の整備目標を設定するとし、新設の下水道施設については、建設当初の段階から耐震性及び耐津波性を確保しておく必要があるとされている。

このうち、取り急ぎ着手すべき既存下水道施設に関する短期の整備目標として、耐震性向上については、①地震時において下水道が有すべき機能の必要性や緊急性から、処理場の揚水機能や沈殿処理機能、消毒処理機能等、短期的に耐震性の向上を図るべき機能について、耐震補強等の耐震化を行い、下水を流す、溜める、処理するという基本的な機能を確保する、②膨大な既存施設の耐震化については、速やかに耐震診断を進めるとともに、下水道が有すべき機能の必要度や緊急度に応じて、耐震補強等により早急に耐震化を図るもの、改築・更新に合わせて耐震化を実施するもの等、優先順位を明確にする、③確保すべき耐震性能に向けて、段階的に性能の向上を図るなど、実施可能な対策から順次耐震化を図る、の3つが挙げられている。

一方、耐津波性向上については、①津波時において下水道が有すべき基本機能である管路施設の逆流防止機能及びポンプ場と処理場の揚水機能について、機能停止した場合の被害が大きい施設を対象に、耐津波補強等の耐津波化を行う、②人命確保の観点から必要となる避難施設等の整備を実施する、の2つが挙げられている。

## 6 被災者台帳の導入準備

### (1) 被災者台帳の作成チェックリスト

被災者の援護を実施するための基礎となる被災者台帳を、発災前に何らの準備もせず作成するのは、システム構築・運用の両面で多くの困難を伴うと考えられる。

よって、大規模災害で被災が予想される市町村は、あらかじめ**被災者台帳**の導入準備をしておくのが相当

といえる。

この点については、内閣府（防災担当）が2017（平成29）年3月にまとめた「**被災者台帳の作成等に関する実務指針**」に含まれる「**被災者台帳作成チェックリスト（平時の準備）**」（別添2）が参考になる。

当該チェックリストには、被災者台帳導入に向けた平常時における事前準備事項がそのポイントとともにまとめられているが、特に留意が必要なのは、法的側面からマイナンバーを利用する際の条例制定、実務的側面から自治体各部署が保有する関連情報の被災者台帳への統合に係る準備であろう。

## (2) 法的側面と実務的側面

法的側面については、自治体の同一機関内部における台帳情報の利用のためにマイナンバー法9条2項に基づく条例制定が、同一自治体の他の機関における台帳情報の利用のために同法19条10号による条例制定がそれぞれ必要である。

実務的側面については、上記内閣府の実務指針第Ⅲ章1において、①災害発生後、速やかに被災者台帳が作成できるよう、被災者台帳に記載・記録する事項に関するデータをどの部署がどのような形式で保有しているかを平時より明らかにして、被災者台帳作成部署が当該データを入手するための方法等をあらかじめ定めておくこと、②被災者台帳はどのような形式で作成しても差し支えないが、作成形式について、紙媒体なのか、エクセル等のファイル形式なのか、被災者台帳を作成するシステムなのか等を平時より検討しておき、必要に応じてデータの形式を変更するための準備等を行っておくこと、③ファイル形式で作成する場合には、被災者台帳に記載・記録するに当たり、情報を保有している部署がそれぞれネットワーク上のファイルに入力する方法や被災者台帳作成部署がとりまとめて入力する方法等が考えられるが、更新のタイミング等で誤った情報が入力されてしまわないよう、平時より被災者台帳の作成における庁内での体制（更新部署、更新タイミング、入力方法等）について検討しておくことが必要とされている。

なお、このうちの最後の項目（③）については、内閣府（防災担当）が2015（平成27）年3月にとりまと

めた**「平成26年度被災者台帳調査業務報告書」**において、被災者台帳に含まれる情報の収集・管理・共有方法について、メリット・デメリットを挙げながら複数のパターンが紹介されており、各自治体における検討に当たって参考になると思われる。

## 7 賃貸型応急住宅（みなし仮設）への備え

### (1) 2段階の応急仮設住宅供与

本書では、応急仮設住宅供与について、公営住宅や民間賃貸住宅の借上げ等、既存の住宅の活用によるもの（以下「**賃貸型応急住宅**」という）を第1段階、応急仮設住宅の建設によるもの（以下「**建設型応急住宅**」という）を第2段階として想定する。なお、同様の想定は、阿部泰隆「大震災・大津波対策の法政策」自治実務セミナー50巻7号（2011年）10頁でもなされている。

このように応急仮設住宅供与を2段階に分け、その第1段階を賃貸型応急住宅の供与としたのは、大規模災害発生直後における応急仮設住宅建設の困難が見込まれるためである。

その意味で、賃貸型応急住宅は応急時における仮設住宅供与の要（かなめ）になるといえるが、大規模災害発生後に住宅借上げの手配を始めるのでは被災者の入居が大幅に遅延してしまうおそれがある。

### (2) 民間賃貸住宅の供給と関係団体との協議

特に、民営賃貸住宅を応急仮設住宅の安定した供給源とするためには、平常時において関係団体等と協議・協定を行っておく必要がある（**「災害救助事務取扱要領」**（令和2年5月内閣府政策統括官（防災担当）、以下**「災害救助事務取扱要領」**という）第4、2(1)ア参照）。

この点については、東日本大震災を踏まえ、国土交通省によって行われた、①自治体と民間賃貸事業者（団体）との協定例、②東日本大震災の際に被災自治体が使用した各種要綱・賃貸借契約書ひな型・被災者向けQ&A集等、③自治体に発した関

連通知のまとめ、④賃貸型応急住宅供与のための手引きが参考になる（「災害発生時の民間賃貸住宅の活用に係る検討について」（国土交通省））。

このうち、「**災害時における民間賃貸住宅の活用について（手引書）**」では、関係団体等との協定といった事前準備から、被災者の入居の確定方法、入居期間中の留意事項、退去時の手続まで、借入型仮設住宅の供与に必要な一連の実務が取り上げられており、資料編として各自治体における実例も数多く掲載されていることから、事前準備はもちろん、発災後の実務に当たっても積極的に活用することが考えられる。

## 8 広域火葬への備え

### (1) 広域火葬の方針

**広域火葬**については、1995（平成7）年の阪神・淡路大震災を踏まえ、当時の厚生省が、「広域火葬計画の策定について」（平成9年11月13日付衛企第162号厚生省生活衛生局長通知、以下「厚生省平成9年通知」という）において、各都道府県に対し、**広域火葬計画**を策定し、広域的な火葬体制を整備するよう依頼している。

その後、2011（平成23）年の東日本大震災を踏まえ、2014（平成26）年7月には、関係省庁において、防災対策実行会議（座長：内閣官房長官）の了承を得た上で、「**大規模災害時における御遺体の埋火葬等の実施のための基本的指針**」を策定し、その中でも、都道府県における広域火葬計画の策定など広域的な火葬体制の整備のための地方公共団体の取組の促進を図ることとしている（「大規模災害時における御遺体の埋火葬等の実施のための基本的指針の策定について」（平成26年7月30日付健衛発0730第1号厚生労働省健康局生活衛生課長通知））。

さらに、2015（平成27）年には、厚生労働省が、都道府県における広域火葬計画の策定について、2014（平成26）年11月現在で47都道府県中29都道府県にとどまってい

るとして、広域火葬計画未策定の都道府県に対し、速やかに広域火葬計画を策定するよう促した（「広域火葬計画の策定の推進について（通知）」（平成27年3月6日付健衛発0306第2号厚生労働省健康局生活衛生課長通知、以下「厚労省平成27年通知」という））。

マスコミ報道によれば、2018（平成30）年3月時点で、広域火葬計画を策定した都道府県は37都道府県に達したようであるが、いまだ全都道府県策定の報告は聞かれない。

## (2) 広域火葬計画

大規模災害発生時には、死者より生存者への対応が優先されることはやむを得ないかもしれない。

しかし、死者への対応の準備不足は、大規模災害発生時における生存者への対応に支障を来しかねない。

実際に、東日本大震災においては、遺体の搬送や埋火葬の体制の構築が遅れたことから、これらを自衛隊に依頼する事例が発生し、自衛隊が本来行うべき行方不明者の捜索の業務に支障を来しかねない事態も招来したとされる（厚労省平成27年通知参照）。

以上を踏まえ、広域火葬計画未策定の都道府県は、早急に当該計画を策定すべきである。

その際、厚労省平成27年通知のほか、すでに広域火葬計画を策定している都道府県の多くが、ウェブサイトで当該計画を公表しているので、これらの先行事例を参考とすることが考えられる。

ちなみに、厚労省平成27年通知は、厚生省平成9年通知を引用して、広域火葬計画に定めるべき事項として、①基本方針、②広域火葬の実施のための体制、③被災状況の把握、④広域火葬の応援・協力の要請、⑤火葬場の選定、⑥火葬要員の派遣要請及び受入、⑦遺体保存対策、⑧遺体搬送手段の確保、⑨相談窓口の設置、⑩災害以外の事由による御遺体の火葬、⑪火葬状況の報告、⑫火葬許可の特例的取扱、⑬引取者のない焼骨の保管を挙げている。

また、厚労省平成27年通知は、上記各事項のうち、③〜⑧について、都道府県、市町村、火葬場、関係事業者や関係団体及び国の相互間における情報伝達や各種請の手順を定めるものであり、広域火葬計画において特に重要な意味を有するもので

あるとし、ここでは、情報伝達（要請）の主体、伝達先（送付先の部署名）、時期、様式（伝達事項）などを具体的に定めておく必要があるとする。

特に、遺体の搬送については、生存者や物資の搬送・輸送と異なり、遺体の保存、遺族感情、国民の宗教感情に対する慎重な配慮が要請される事項であるため、周到な事前準備が求められるとともに、自衛隊に頼らない体制の構築が必要である。

## 9 災害廃棄物処理への備え

### (1) 災害廃棄物処理の状況

東日本大震災の際、岩手・宮城の両県で発生した**災害廃棄物**の量は、岩手県で通常の約9年分、宮城県で通常の約14年分にも達したとされている。

これだけの災害廃棄物を、当該自治体が単独で処理するのは現実的ではなく、実際、岩手・宮城の両県で発生した災害廃棄物は、全国各地の自治体が協力して広域処理が行われた。

ちなみに、阪神・淡路大震災の際には、兵庫県で発生した可燃性の災害廃棄物のうち約14％が県外で焼却され、埋め立てられたとされている。

いずれにしても、大規模災害発生時には、大量の災害廃棄物が発生することが想定され、その処理は長期化することが見込まれる。

### (2) 災害廃棄物処理計画の策定

自治体としては、大規模災害発生時に、大量の災害廃棄物の発生とその処理の長期化が見込まれることを踏まえ、あらかじめ災害廃棄物の処理計画を策定しておくことが求められる。

この点に関し、環境省は、自治体による災害廃棄物処理計画の策定に資するとともに、自然災害による被害を軽減するための平時の備え（体制整備等）、さらには災害時に発生する廃棄物を適正かつ円滑・迅速に処理するための応急対策、復旧・復興対策について、災害廃棄物対策を実施する際に参考となる必要事項

を、指針としてとりまとめている(環境省環境再生・資源循環局 災害廃棄物対策室「**災害廃棄物対策指針(改訂版)**」(平成30年3月))。

しかし、かかる指針の存在にかかわらず、市区町村における災害廃棄物処理計画の策定率は、令和元年度時点で52％にとどまるとされている。

そこで、環境省は、災害廃棄物処理に係る初動対応の手引きをまとめ、その中で、円滑かつ迅速な初動対応のための事前検討事項をとりまとめている(環境省環境衛生・資源循環局 災害廃棄物対策室「**災害時の一般廃棄物処理に関する初動対応の手引き**」(令和3年3月改訂版))。

かかる手引きには、チェックリスト形式を用いたり、様式例を添付したりするなどしてわかりやすく実践的に事前検討事項がとりまとめてあるため、自治体としては、災害廃棄物処理計画の策定にとどまらず、この手引きを活用して、より突っ込んだ災害廃棄物処理の事前準備に取り組むべきであろう。

## (3) 災害廃棄物処理に関する協定

大規模災害で想定される災害廃棄物の量に照らせば、自治体単独での処理に限界があることは明らかである。

ここに、災害廃棄物の広域処理の必要性が生じるわけだが、災害廃棄物の広域処理の実現は、災害廃棄物処理に関する自治体間の任意の協定によっているのが現状である。

ただ、当該協定の締結状況はあまり芳しくない。環境省によるアンケート調査によれば、他の都道府県や都道府県外の市町村との**災害廃棄物処理に関する協定**の締結割合(平成26年2月現在)は、全国平均で30％であり、特に、南海トラフ地震と首都直下地震による被災が想定される四国地方と関東地方でそれぞれ25％、29％と全国平均を下回っている(環境省「災害時における廃棄物処理対策に関する調査結果」平成26年2月28日第5回巨大地震発生時における災害廃棄物対策検討委員会資料4、2頁参照)。

かかる数字と、広域災害がいつ発生してもおかしくないという現況を踏まえれば、もはや自治体間の任意

の協定に期待する段階ではなく、法制度の構築に着手すべき時期に差し掛かっているのではないかとも思われるが、当該法制度が未整備である現段階では、各自治体は、速やかに他の自治体との協定の締結を進めるべきである。

### (4) 災害廃棄物広域処理の指針

その際に参考になるのが、環境省による**「災害廃棄物処理に係る広域体制整備の手引き」**（平成22年3月）である。

当該手引きによれば、災害廃棄物に係る広域処理の体制整備における基本的な考え方として、①災害廃棄物処理の実施主体は被災市町村であるが、周辺市町村あるいは廃棄物関係団体からの支援が必要、②災害時の広域体制の構築に当たっては、都道府県あるいは国（環境省）が担う連絡調整の役割が不可欠、③災害廃棄物処理に係る広域体制は、原則として、被災都道府県が体制整備に関する調整を実施、④被災地が複数の都道府県にまたがり、都道府県間の調整が必要となる場合は、都道府県あるいは国（環境省）が広域体制整備に関する調整を実施、の4つが挙げられている。

当該手引きでは、上記4つのポイントを踏まえ、災害廃棄物処理に関する広域的な相互協力体制の案が示されているが、そのあり方としては、都道府県間、市町村間、都道府県と市町村の間のような官・官の協力体制のほか、自治体と廃棄物処理関係団体の間のような官・民の協力体制の構築も求められる点には留意が必要である。

これらの点については、市町村間や都道府県と廃棄物処理関係団体の間の協定例や、市町村と廃棄物処理関係団体との間の契約例などを含めた当該手引きの資料集が参考になる。

## 10　災害協定（災害時応援協定）

### (1) 法律相談実施のための災害協定

　ここでいう「**災害協定**」（災害時応援協定、災害時協力協定等とも呼ばれる）とは、災害時に備え、自治体において、弁護士など専門士業等が、被災した住民や事業者の再建等に資する法律や制度の情報提供・各種相談活動を実施するよう協力要請するための事前の取決めをいう。災害協定という場合、自治体相互間の支援・受援計画構築を指す場合もあるので留意が必要である。

　災害協定には、報道、道路復旧、通信復旧、物資供給、医療提供、施設利用などすでに多岐にわたる協定締結と発動の実績がある。このうち、災害直後から被災者の生活再建と事業者の再生に専門家のサポートを行うこともまた被災地の極めて大きなニーズであった。特に、弁護士をはじめとする法律専門家による相談活動には、①パニック防止機能、②精神的支援機能、③紛争予防解決機能、④情報整理提供機能、⑤立法事実集約機能（国への予算や政策提言の根拠資料の収集機能）、⑥見守り支援機能（中長期）、⑦伴走型生活再建支援機能（中長期）、などの大きな効用が確認されており（永井幸寿「東日本大震災での弁護士会の被災者支援活動」『NBL』974号13-20頁、岡本正『災害復興法学』及び同『災害復興法学Ⅱ』）、災害協定の中でも特に重要な地位を占めるといえる。

### (2) 災害協定をあらかじめ締結する意味

　災害協定は、基本的に自治体と民間団体が任意に締結する取決めであり、行政契約の一種である。締結のための特段の法令根拠や条例根拠も不要である。

　一方で、建築協定や公害協定のように法的な強制力を伴うものでもない。しかし、協定を締結しておくことによって、将来の災害に備えて自治体が意識して実施すべき住民サービスの一端が具体的かつ明確にリストアップされるという効用がある。

　また、災害後の混乱を極める状況下でも、業務内容や実施手順を担当

者が認識することができるため、初動における判断を遅らせないというメリットがある。

自治体の担当者は、災害協定が形骸化することがないよう、協定締結先団体や平常時の行政所管部局との定期的な協定の存在の確認、担当者との顔合わせ、確実な業務引継ぎを怠らないようにしなければならない。

内閣府「**大規模災害発生時における地方公共団体の業務継続の手引き**」（平成28年2月）でも各種分野における民間事業者や関連団体との協定の存在を災害時対応マニュアルに明記するよう記述されているところである。

特に法律相談については、避難所での実施や自治体の施設を利用しての実施が被災者にとってもニーズが高い。災害時に避難所を開設・運用する主体は自治体である（災救法4条1項1号、災対法86条の6）ことを考えれば、弁護士等が避難所に出入りをして相談活動をするためには、自治体の協力が必須となる。

大規模災害時には公的施設以外にも避難所が設置される（ホテルやコンベンションホールなど）。その設置主体も法令上自治体となっているので、やはり被災者へのアプローチをするには自治体において法律相談に関わる災害協定の存在を認識し、専門家を招き入れる手筈が必要になることを認識しておく必要がある。

## (3) 災害協定の具体的内容と実績

阪神・淡路大震災では、発災後1年間のうちに10万件以上の弁護士による無料法律相談活動が行われた。東日本大震災では1年間で4万件以上、熊本地震では1年間で1万2千件以上が実施された。弁護士をはじめとする専門士業による無料法律相談は災害時にはもはや不可欠になっている。このため、都道府県の弁護士会が、地元都道府県と、あるいは個別に市町村と、災害後の無料法律相談を実施する旨の災害協定を締結することが常態化している。

例えば、静岡県では、静岡県弁護士会が静岡県と2003（平成15）年の時点で相談活動実施に関する災害協定を締結しているだけでなく、その後静岡市、浜松市、沼津市、富士市ほか相当数の自治体と個別の災害協定を締結するに至っている。

2018（平成30）年12月には、日本弁護士連合会（日弁連）と全国市長会が「災害時における連携協力に関する協定」を締結し、弁護士による相談（無料法律相談を含む）や被災者の生活再建、被災地域の復旧復興などの情報提供を行うことなどが盛り込まれた。

　大規模災害時には市町村間の相互応援支援の実施において全国市長会も大きな役割を果たすことから、弁護士の存在を災害時において各市町村に認知させる上での重要な協定と位置づけられる。

　弁護士会が災害協定を締結する場合、時系列を意識しておく必要がある。大規模災害の場合は、直後期から数年は、毎日のように「法律相談」の場所を設定することが不可欠になり、弁護士の派遣要請を行う必要がある。まちづくりや住宅再建段階においては、孤立防止や見守り支援を念頭に置いた伴走型の情報提供支援や窓口手続支援がより重要になる。被災者への法律相談活動だけではなく、復興段階でのまちづくり支援（特に住民の意見集約や計画の十分な説明）も災害協定の対象にしておく必要がある。

　弁護士会との災害協定において自治体側が行うとされている事項の例としては、次のような項目があるので参考にされたい。

・法律相談会の実施に当たっての開催場所確保、関連部署団体との調整
・平常時からの弁護士会等との協議や意見交換の実施
・平常時における担当者の引継ぎ・連絡責任者との打合せ等の実施
・防災訓練への弁護士会の参加や企画協働
・平常時及び発災後におけるセミナーやシンポジウムの協働
・法律相談会開催の広報の実施
・弁護士会が発行する被災者支援情報の配布周知への協力
・弁護士会が事前に準備する被災者支援情報冊子の備蓄や配布準備
・弁護士会への地域防災計画やハザードマップの最新版の提供
・弁護士会派遣の弁護士らの車両優先通行支援や避難所等への立入許可
・県と市町村間との協議や調整

　なお、災害協定の実績や締結に至るノウハウ、災害後の行政と弁護士会等との協働実績については、「**平成**

29年度関東弁護士会連合会シンポジウム：将来の災害に備える平時の災害対策の重要性（平成29年9月）」の第1章に詳しい。

### (4) 多士業連携との災害協定

災害後に被災者が抱える悩みは、弁護士や単一の専門職だけへの相談で完結するものではない。そこで多士業が平常時から連携組織や協議会を設置し（**士業連携組織**）、それらのまとまりごとに自治体と相談活動に関する災害協定を締結することが効果的である。

特に代表的な組織としては、兵庫県弁護士会や大阪弁護士会が中心となり12士業団体が加入する「近畿災害対策まちづくり支援機構」、東京都内の弁護士会や建築士会ほか19士業団体が加入する「災害復興まちづくり支援機構」、東日本大震災を契機として発展した11士業団体が加入する「宮城県災害復興支援士業連絡会」、同じく東日本大震災を契機として設立し、2014（平成26）年の広島土砂災害や2018（平成30）年7月豪雨でも活動した14士業団体が加入している「広島県災害復興支援士業連絡会」などがある。

いずれも、都道府県や広域連携の単位で、法律相談活動や復興まちづくり支援に関する災害協定を締結し、定期的に自治体との意見交換やイベント・相談会・シンポジウム等を実施している。なお、災害発生後のまちづくり支援や見守り活動段階における多士業連携組織の活用については、第5章2(4)「災害復興段階における法的支援」を参照されたい。

## 11 災害法制の研修・勉強会

### (1) 災害法制実務研修の実施

災害対策、災害後の応急対応や救助活動、被災者の生活再建、事業者の事業再生、ハードの復旧・復興、復興まちづくりや都市計画など、あらゆる場面で予算支出や自治体の執務の根拠となっているのが「法律」である。法律を知ることで、先例の検索が容易になり被災者支援も加速する。

一方で、先例だけにとらわれない法律に根差した施策実現や予算要望も可能になる。ところが、災害法制を実務的な視点から体系的かつ網羅的に学ぶための大学教育プログラムや職員研修プログラムは乏しい。内閣府（防災担当）の「防災スペシャリスト養成研修」や自治体独自の防災研修プログラム（兵庫県「ひょうご防災リーダー講座」、三重県四日市市「四日市市防災大学」等）においても、災害法制実務だけを網羅的に学ぶことはできない。

本書はこのような手薄になりがちな災害法制実務を時系列で体系的に学ぶための書籍であるが、この内容を災害時に真に活かすためには、本書で紹介している各種参考文献を順次活用しながら、実際の職員研修や勉強会を実施することが不可欠である。

## (2) 災害法制実務研修は全自治体職員を対象者に

災害法制実務の研修は、すべての部署における幹部職員にとって必須である。防災・危機管理部局、健康福祉部局、企画政策部局、総務（文書法務）部局、知事・市町村長部局においては、全職員が早急かつ確実に実施しておく必要がある。大規模災害ではあらゆる業界や住民が被災し、無関係の部署は存在しないといってよいからである。

大規模災害が発生した時には、平常時に指揮を執っていた担当者が必ずしも指揮を執れるとは限らない。東日本大震災でも首長や幹部職員らが多数犠牲になっている。

万一のトップや指揮官不在時においても自治体の業務を滞らせないために、あらゆる職位の職員が災害法制の基礎を知っておくべきである。制度運用や執務の最後の拠り所となるのは、その根拠法令に他ならない。これらを知る人間がいなければ、救援救護に後れをとることになるだろう。

被災経験のある全国15の市町村長らが構成する「災害時にトップがなすべきこと協働策定会議」によるメッセージ集「**災害時にトップがなすべきこと（2017年4月）**」の中の、「Ⅰ-6　災害でトップが命を失うこともありうる。トップ不在は、機能不全に陥る。必ず代行順位を決めておくこと」「Ⅱ-1　判断の遅れは命取りになる。特に、初動の遅れは決

定的である。何よりもまず、トップとして判断を早くすること」という教訓を生かすには、災害法制実務の知識が必要になるのである。

加えて、行政職員には不可避的に2～3年おきの部署異動が起きる。だからこそ、どの部局であっても、職員の年次や肩書を問わずに実施しておく必要がある。独自の学習も是非怠らないでほしいが、公式の人材育成プログラムの一環として、定期的な災害法制実務研修が不可欠になるはずである。行政執務は法律根拠があるからこそ現場での運用が円滑になされることを忘れてはならない。

> **コラム1　専門士業（法律・技術・福祉系）が災害時にできること**

・弁護士

　法律全般に精通し、被災者への法律相談・情報提供活動を実施する。また被災状況や自治体のニーズを踏まえながら国への政策提言を精力的に行う。

・司法書士

　不動産登記等や成年後見業務等を中心に行い、災害時においては不動産の所有者の探索や相続登記未了土地の対応などで活躍する。

・行政書士

　行政に提出する書類の作成業務を中心に行い、災害時においては罹災証明書発行申請などの被災者の行政手続をサポートすることもできる。

・税理士

　税務や会計の専門職であり、災害時には所得税の雑損控除、税金の還付・減額、事業者の決算支援などで活躍する。

・社会保険労務士

　社会保険手続や労働関係の相談の専門職で、災害時においては雇用調整助成金支給などを漏れなく行うなどのサポートをすることができる。

・不動産鑑定士

不動産の価格を評価し、固定資産税評価や公示地価調査を業務とする。災害後の債務整理などにおける不動産価格評価や復興段階での区画整理事業などで特に活躍する。

・土地家屋調査士

測量により登記簿の地図を作成する専門職で、災害時には境界紛争のサポート、境界変動が起きた場合の測量を行う。罹災証明書発行に際しての家屋被害調査において活躍する。

・公認会計士

会計の専門職。災害時には事業者の再生や資金調達などにおいて特に活躍する。

・中小企業診断士

中小企業の経営相談の専門家であり、災害時における数多くの中小企業支援施策を活用して資金調達や経営支援を行うことができる。

・建築士

建築や土木工事に関する専門家であり、災害後のまちづくりや都市計画に大きく関与する。災害直後には応急危険度判定を行う。建築瑕疵や欠陥に関する紛争があった場合の助言サポートでも活躍する。

・技術士

21分野の様々な専門技術分野を取り扱う専門職。災害時には建築系をはじめとする技術士が被害調査やまちづくりに関する助言を行うことができる。

・社会福祉士

社会的な課題を抱える者に対して助言や日常生活サポートを行う専門職。災害時における心のケアなど中長期の被災者の見守りに不可欠な専門職。近年「災害ソーシャルワーク」が重視されるようになっている。

## コラム2 弁護士による法律相談の機能と被災者のリーガル・ニーズ

(1) 災害により被災するとはどういうことか

災害による被災や避難所における困難とは何か。凄惨な現場を想像すると、飲食料や生活物資の不足、良好ではない生活環境、アレルギー問題、高齢者の方や障害者の方の更なる困難、保健衛生上の課題等、人的物的な被災が次々と浮かび上がる。実は、「被災」はこれらにとどまらない。目に見えない被災者の困難として、「生活再建に関わる情報・見通し」がつかめないという悲痛な声があり、これらを克服する制度支援のニーズも同時に溢れている。

「家族が行方不明です。家は津波で流されました。仕事の再開の目途も立ちません。一体これからどうなってしまうのでしょうか」「家の住宅ローンが2,000万円以上残っている。支払を続けようにも家業の収入がなくなってしまった。貯金は最低限の教育や介護の費用しかない。破産したらもう家業は続けられない。絶望的だ」「健康保険証、通帳・カード、保険会社の証券も何もかも失った。連絡もできない。病院や銀行に行っても大丈夫なのか。自分で動くことも辛い」。いずれもモデルケースだが、弁護士が日弁連や各弁護士会等を通じ、東日本大震災や熊本地震等の災害直後から展開している「無料法律相談・情報提供活動」で実施した結果収集した被災者の真実の声である。

(2) 数字で見る① 東日本大震災と被災者の相談ニーズ

東日本大震災では4万件超の無料法律相談事例が集積・分析されている。図1-1に、東日本大震災の発災時に宮城県石巻市に住居があった住民の、約1年間の無料法律相談事例の内容を分析した結果を示す。都市ならではの賃貸借を巡る当事者間のトラブル(「5不動産賃貸借(借家)」)、損傷した住宅の多さを反映した住宅ローンの支払困難に関する相談(「9住宅・車・船等のローン、リース」)、亡くなった方や行方不明の方の家族からの相談(「16遺言・相続」)、そして、震災関連法令(行

■図1-1　東日本大震災における宮城県石巻市のリーガル・ニーズの内容（日本弁護士連合会「東日本大震災無料法律相談情報分析結果（第5次分析）」）

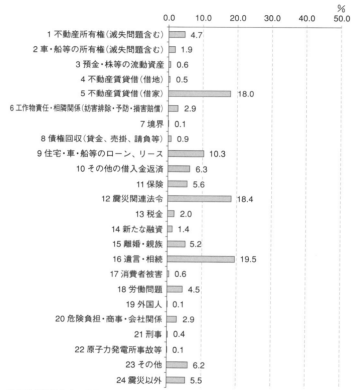

| 項目 | % |
|---|---|
| 1 不動産所有権（滅失問題含む） | 4.7 |
| 2 車・船等の所有権（滅失問題含む） | 1.9 |
| 3 預金・株等の流動資産 | 0.6 |
| 4 不動産賃貸借（借地） | 0.5 |
| 5 不動産賃貸借（借家） | 18.0 |
| 6 工作物責任・相隣関係（妨害排除・予防・損害賠償） | 2.9 |
| 7 境界 | 0.1 |
| 8 債権回収（貸金、売掛、請負等） | 0.9 |
| 9 住宅・車・船等のローン、リース | 10.3 |
| 10 その他の借入金返済 | 6.3 |
| 11 保険 | 5.6 |
| 12 震災関連法令 | 18.4 |
| 13 税金 | 2.0 |
| 14 新たな融資 | 1.4 |
| 15 離婚・親族 | 5.2 |
| 16 遺言・相続 | 19.5 |
| 17 消費者被害 | 0.6 |
| 18 労働問題 | 4.5 |
| 19 外国人 | 0.1 |
| 20 危険負担・商事・会社関係 | 2.9 |
| 21 刑事 | 0.4 |
| 22 原子力発電所事故等 | 0.1 |
| 23 その他 | 6.2 |
| 24 震災以外 | 5.5 |

※ 各法律相談内容の分母はそれぞれN=3481である。

政支援や被災の公的認定）に関する問合せや弁護士からの情報提供（「12 震災関連法令」）の4分野が特に多い。石巻市の壊滅的な被害を顕著に反映し、被災者の声・ニーズとして浮かび上がっている。これらの悲痛な声への完全な答えなど当然存在しない。一方で「悩みを聞き、さらに

傾聴すること」「確かな情報があれば一つでも提供すること」が極めて効果的である。特に被災者が生活再建に向けて一歩を踏み出せるような「生活再建の知識」の提供は、被災者にとって大きな希望となる。

(3) 数字で見る②　熊本地震と被災者の相談ニーズ

図1-2は、熊本地震全体における被災者の無料法律相談内容の分析結果である。約1年間のうちに1万2千件超の相談を実施した。相談のボリュームとしては、「5不動産賃貸借（借家）」（20.3％）が非常に高い割合となり、「6工作物責任・相隣関係」（15.4％）、「9住宅・車等のローン」（13.7％）、「12公的支援・行政認定等」（12.4％）と続いている。また、「1不動産所有権」（6.8％）も無視できない割合となっている。地震により、都市部におけるオフィスやアパート等の賃貸物件が数多く損壊することで、賃貸借契約の当事者同士の紛争が起こるなど「5不動産賃貸借（借家）」の相談が増大している。熊本市は人口約70万人の政令市である。また、熊本県全体の借家比率は35.5％だが、相談件数が最も多い熊本市では47.7％であり、中心街の区はさらに高い。かかる実態がリーガル・ニーズに反映されているのである。建物損壊は、近隣建物・土地へも影響を及ぼす。がれきにより財物を損壊された（した）当事者同士の争いが「6工作物責任・相隣関係」のリーガル・ニーズを高めている。これも、都市部の生活実態を反映したものと考えられる。

「1不動産所有権」も無視できない割合である。熊本地震では、建物の損壊に加え、地盤被害が深刻な地域が多発している。がけ崩れや地盤崩壊に至る地域も多い。その場合の土地所有権や、宅地販売業者、建築業者らに対する土地の瑕疵への責任を追及する声が多くなっていたことも熊本地震の特徴である。

「9住宅・車等のローン・リース」「12公的支援・行政認定等」（東日本大震災のカテゴリーでいう「12震災関連法令」と同じ）が多い理由は、東日本大震災と共通している。

(4) 地域特性がある一方で共通したニーズがある

東日本大震災と熊本地震を比べると、人口密度や災害態様による地域

■図1-2　熊本地震（全体）のリーガル・ニーズの内容
（日本弁護士連合会「熊本地震無料法律相談データ分析結果（第3次分析）」）

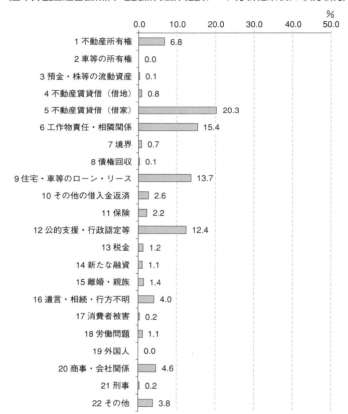

※各相談類型の分母は12,284

特性は見られるものの、大規模災害における被災者の生活再建に関するニーズの多くは共通していることがわかる。そして、これらのニーズに応える第一歩は、被災者支援施策の根拠となる「法制度」の存在を被災者へ伝えることに尽きる。したがって、災害救援法務では、行政内部における執務執行のみならず、被災者への支援全体に影響する実務能力を

身に付ける(最低限、どのような制度が誰に適用されうるのかを紹介したり、適切な専門家窓口へ誘導したりできる知識を付ける)ことも重要な要素となるのである。

第2章

初動編

## 1 被災者の救出

### (1) 救出の主体

被災者救出の主力は、消防機関及び警察であろう。自治体で対応しきれない場合、自衛隊や海上保安庁に派遣を要請することになる。

なお、消防機関や警察以外に所属する自治体職員であっても、被災者の救出義務はある（災救法4条1項5号）。つまり、災救法2条及び13条により、都道府県及び市町村職員が全般的に救出主体として想定されていると考えられる。

ただ、これらの職員を救出活動に従事させると二次災害を生じさせるおそれがある。すなわち、日本火災学会の調査によれば、阪神・淡路大震災時の神戸市内における生き埋めや閉じ込められた被災者の救助について、約98％が自力や家族・友人・隣人等によって実施されており、救助隊によるものは2％に満たない（総務省消防庁「平成23年度版消防白書」262頁参照）。

このことは、いわゆる共助の重要性を示す一方、救助隊による救出活動のうちの多くについて、重機を要するとか危険な場所での作業が必要になるといった事情があったことを推認させる。

よって、消防機関や警察以外に所属する自治体職員については、避難所運営等、初動時に求められる他の業務に従事させるのが妥当であろう。

①消防機関

大規模災害が発生した場合、隣接市町村も含めて相当広域にわたって被災すると考えられる。その場合、被災自治体の有する消防機関だけで十分に被災者の救出活動を行うことは困難であることが予想される。さらに、消組法39条2項に基づき締結されている消防相互応援協定による同一都道府県内の消防機関による応援も期待できない可能性がある。

そこで重要になってくるのが、**緊急消防援助隊**（消組法45条）である。

緊急消防援助隊とは、被災した都道府県内の消防力では対応困難な場合に備えて全国の消防機関相互によ

る援助体制を構築するために創設され、2003（平成15）年6月の消組法改正により法制化された組織である（総務省消防庁ウェブサイト「緊急消防援助隊の概要」参照）。これにより、大規模災害による被災を免れた自治体による援助が期待できる。

その出動は、原則として都道府県知事の要請によるが、緊急時においては消防庁長官による要請や指示で出動することもある（消組法44条）。

大規模災害によって被災し、かつ、震源地に近い市町村は、建物の倒壊や火災が相当規模で発生していることが、ある程度の高所（庁舎の屋上等）から目視で確認でき次第、直ちに都道府県に連絡し、当該連絡を受けた都道府県は、近隣市町村において同様の被害が発生していることが確認でき次第、直ちに知事による緊急消防援助隊の派遣要請を行うべきであろう（室田哲男「大災害における都道府県の初動対応を考える（下）」地方行政10563号（2015年）11頁参照）。

②**警察**

警察法には災害時の救護を定めた規定は見当たらず、その根拠は警察法2条1項の「個人の生命、身体及び財産の保護」の責務規定である（津久井進『大災害と法』岩波書店（2012年）41頁参照）。

警察においても、消防機関同様、被災自治体単独での対応が困難となるおそれがあるため、**警察災害派遣隊**の活用を念頭に置いておく必要がある。

警察災害派遣隊とは、大規模災害発生時に、被災地において被災者の救出救助等の活動に従事する都道府県警察相互間の全国的な援助組織である（「警察災害派遣隊設置要綱の制定について」平成24年5月31日付警察庁乙備発第3号等警察庁次長依命通達参照）。これにより、緊急消防援助隊同様、大規模災害による被災を免れた自治体による援助が期待できる。

その出動は、都道府県公安委員会による警察庁又は他の都道府県警察への援助要求による（警察法60条1項）。

援助要求を行うタイミングは、緊急消防援助隊と同時となろう。

### ③自衛隊

自衛隊は、原則として都道府県知事の要請により派遣される（自衛隊法83条1項、2項本文）。

派遣基準は、公共性、緊急性、非代替性とされているが（防衛省国民保護・災害対策室「防衛省・自衛隊の災害対策について」（平成19年11月17日付第7回大規模水害対策に関する専門調査会資料1）5頁参照。管見の限り、これらの基準が明記されている法令・通知・通達等は見当たらなかった）、大規模災害の主な被災地でこの要件を満たさないということは考え難く、これらの地域への派遣要請を行うタイミングは、上記緊急消防援助隊等と同時と考えて差し支えないであろう。

市町村の場合、必要に応じて知事に対して自衛隊派遣を要請するよう要求できるが、それができないときはその旨及び災害状況を防衛大臣に通知することも考えられ、この場合には防衛大臣の判断による自主派遣がなされうる（災対法68条の2第2項）。

### ④海上保安庁

海上保安庁の業務のうち「天災事変その他救済を必要とする場合における援助に関すること」（海上保安庁法5条2号）を踏まえ、同庁の防災業務計画において、「地方公共団体の災害応急対策が円滑に実施されるよう、要請に基づき、海上における災害応急対策の実施に支障を来さない範囲において、陸上における救助・救急活動等について支援する」としている（「海上保安庁防災業務計画」（令和3年3月）第3章第5節第9参照）。

都道府県知事は、指定行政機関に応急措置の実施を要請することができるとされており（災対法70条3項）、海上保安庁は指定行政機関としてかかる要請に基づき活動することになる（災対法2条3号イ、国家行政組織法3条2項、4項、別表第一）。

派遣要請のタイミングは、上記緊急消防援助隊等と同時でよいと考えられる。

## (2) 安否確認

### ①安否情報の照会への回答根拠

大規模災害時には、住民の行方や生死に関する情報（**安否情報**）について、親族、勤務先、関連施設等か

らの問合せ（照会）が頻繁になされる。この場合に誰に何を回答できるのかについては事前のルールを熟知しておく必要がある。

まず自治体は、「当該災害の被災者の安否に関する情報（次項において「安否情報」という）について照会があつたときは、回答することができる」（災対法86条の15第1項）と明確に法令の根拠があることを知っておかなければならない。具体的な目安は、内閣府令（災対法施行規則8条の3）の定めがある。また、前述（第1章4・12頁）のとおり**「災害対策基本法等（安否情報の提供及び被災者台帳関連事項）の運用について」**（平成26年1月24日府政防第60号・消防災第21号）には詳細な取扱状況マニュアルが定められている。これを一応の参考にしながら、実際に問合せがあったらどうするかを想定して自治体内部のマニュアルに落とし込んでおかなければ災害発生後に準備しても対応が間に合わない。

例えば、近隣に居住する親族であれば、実際に避難者のリストや行方不明者情報を管理している窓口などに来訪してもらい、免許証などの本人確認書類を示して回答するなどの対応が可能となるだろう。しかし、照会者が遠方に居住していたり、本人確認書類を紛失していたりするケースでは、電話で住所・氏名・生年月日などの本人確認を行った上で、回答するなど柔軟に対応しなければならないだろう。

勤務先や入居している福祉施設からの問合せも十分想定できる。この場合も同様に照会者の属性を確認し、電話などで回答することも可能であろう。

留意したいのは、照会者に本人確認を過重に求めすぎるような対応をしないことである。

なお、大規模災害の直後であれば、避難所リストを検索できるように民間事業者と協力するなどして、誰でも簡易に避難所利用の有無を照会できるようにしておけるように都道府県や政令市レベルで対応することも想定される。東日本大震災では、岩手県、宮城県、福島県のいずれもが、避難所利用者のリストをリアルタイムでグーグル社へ提供し「Googleパーソンファインダー」というサイトで簡易に氏名が検索できるような対応をした実績がある。

## ②安否情報に関する情報収集と一元的管理の準備

　自治体は、安否情報の照会に対して適切な回答をするため、あるいは回答に備える準備をするために、「保有する被災者の氏名その他の被災者に関する情報を、その保有に当たって特定された利用の目的以外の目的のために内部で利用することができる」。さらに、「関係地方公共団体の長、消防機関、都道府県警察その他の者に対して、被災者に関する情報の提供を求めることができる」（災対法86条の15第3項、4項）。

　自治体自らが保有している情報や、他の自治体や民間機関が保有している情報を総動員して（各所へ照会の上、情報を一元的に集約して）、最新かつ正しい情報を回答することになっている。

　つまり、単に災害後に被災者リストを管理している防災部局や被災者支援部局に情報があるか、ないかだけではなく、自治体内外の他の部局や民間機関と安否情報を一元的に共有する体制が必要なのである。

　典型例としては、救援救護の場面では、国の自衛隊、都道府県の警察、自治体の防災関連部局と消防部局などが、個別に安否情報を抱えるのではなく、安否照会窓口とされている自治体部署に情報が一元的に集約される災害時の指揮命令系統を構築しておかなければならないことになる。

　そのほか、傷病者を収容する民間医療機関、旅客名簿を保有する運送事業者、宿泊者名簿を保有する旅館業者、児童生徒の安否情報を保有する教育機関等が想定されるほか、安否情報の照会に係る個人が配偶者からの暴力、ストーカー行為等、児童虐待及びこれらに準ずる行為の被害者であるおそれがある場合には、配偶者暴力相談支援センター、都道府県警察、児童相談所、福祉事務所等から情報提供を求めることが考えられる。

　しかし、大規模災害後に、安否情報の照会があるたびに関係機関へ上記の問合せを繰り返すことは現実には困難である。そこで、災害発生後の多数の照会に備え、外部機関に対して包括的に安否情報の提供を事前に依頼しておき、ストックと更新を関係部署で一元的に行っておくことが必要である。これらがそろって、はじめて適切かつ迅速な安否情報照

### ③個人情報保護条例上の要件は「法令」によりクリアしている

自治体が保有する個人情報については、各自治体の個人情報保護条例により規律されている。条例の条文は自治体ごとに異なるが、第三者提供・目的外利用・本人外収集（個人情報の利用）は原則禁止されると規定されている。

一方で、①本人の同意、②法令等の定め、③生命・身体・財産などを守るため緊急かつやむを得ない場合、④個人情報審議会の答申を経た場合には、個人情報の利用ができるとされているのが一般的である（各自治体で個人情報保護条例の条文文言は異なるので確認が不可欠である）。

安否情報の回答は、自治体が保有する個人情報の外部提供（第三者提供）になるが、災対法86条の15第1項で自治体は安否情報の照会に対する回答ができると明記されているので、個人情報保護条例上も個人情報の利用ができる「法令」の根拠があることになり、問題なく実施できる。同様に安否情報の回答を適切に行うための自治体内外での情報収集（情報収集・目的外利用・第三者提供）についても、災対法86条の15第3、4項に根拠があり、「法令等」に該当するので個人情報保護条例上の問題がない。

また、東日本大震災の際に被災県からグーグル社へ避難所の居住リストが提供され、検索できるようになっていた事例については、「生命・身体・財産などを守るため緊急かつやむを得ない場合」上記③に該当するものと各県が判断したものと考えられる。氏名や場所等限られた情報の提供であったことを考えれば、大規模災害時においては十分許容される対応と考えられる。

## (3) 行方不明者の氏名の公表

### ①行方不明者情報の一元管理の必要性

大規模災害が発生すると、救援救護に関わる者や親族関係者にとって、その行方が一定期間以上不明になる「行方不明者」が多数発生することは避けられない。行方不明者は当然ながら、捜索活動の進展によって救助され命を助けられる場合がある。行方不明者が誰で、災害発生直

前にどこにいた可能性が高いか（居所や職場等）という情報は、救助される者にとって最も重要な情報の一つである。

大規模災害時では、自衛隊、警察、消防などの救助者側のリソースにも限りがあり、それらを効果的に振り分けることが最優先課題となる。このためには、国、都道府県、自治体、その他民間の救助主体（医療チームや消防団等）との間で、行方不明者情報がリアルタイムで共有されている必要がある。

ところで、市町村の問合せ窓口に安否情報の照会があった場合には、行方不明者情報がどうなっているのかも含めて、関係機関と共有された上でなければ回答できない。安否情報の照会への体制の整備は、行方不明者情報の一元的管理体制の整備でもある（第2章1(2)「安否確認」参照）。

### ②行方不明者情報の公開の必要性

メディアなどへの行方不明者情報の公開も必要性が高い。救援救護だけを考えれば、関係者だけで共有できていればメディアやニュースで行方不明者の氏名や住所を公表する必要はないとも考えられる。しかし、大規模災害時では多くの救援チームが全国から駆け付けることになるが、ある特定の部局が行方不明者情報を更新しても、最前線の捜索担当者や他の主体へ情報が行き渡るにはやはり一定のタイムラグが生じる。メディアニュースを利用して行方不明者の氏名等の公表を行うことは、情報共有の遺漏を回避する意味でも効果的な手段といえる。また、救援救護に関わる機関ですら認知できていない新しい情報も入ってくる可能性が高い。情報の更新頻度が高まり、より効果的な救助リソースの振り分けが可能となり、真に救助されるべき被災者の生存確率が上昇する。

行方不明者の氏名等の情報がニュースで流れると、当然ながら関係者、家族、知人らが広くその事実を認知するなどプライバシーに関わる情報が全国に知れ渡ることになるし、家族はメディアの取材を余儀なくされたりするなどの負担も生じる。しかし、ここで守られるべき被災者等のプライバシーと比較衡量するのは、生死の間にいるかもしれない救助を待つ別の被災者の命であり、命を賭して救援救護に当たる救

助者側の生命の安全であることを考えるべきであろう。

2014（平成26）年8月の**広島市豪雨災害**では、広島市が発災から6日目にして行方不明者情報を公表したところ、次々と行方不明者の安否情報が寄せられ、更新されていくという事態が起きた。これは事前の関係機関の共有が不十分であったことの証左である。

また、2015（平成27）年9月の**関東東北豪雨災害**では、茨城県常総市が行方不明者15名と発表したほぼ同時刻において、茨城県側では全員の安否情報を把握しており直後にその旨を発表したとの事態が起きた。この件も、県と基礎自治体の行方不明者の情報共有が不十分だったことを示すことになった。これらの事例を踏まえれば、メディア等への行方不明者情報の公表を機械的に行える準備をしておく必要性は一層高いといえる。

### ③個人情報保護条例との関係

行方不明者情報について救助を担う機関同士で情報共有することは、安否情報の回答のための情報収集をする過程で当然に実施されるべきである。災対法86条の15第3、4項に根拠があるので、個人情報を第三者提供する条件である各自治体の個人情報保護条例上の「法令等」に該当する。

また、行方不明者情報の更新と共有は被災者の命に直結する問題であり、個人情報保護条例上の「生命・身体・財産等を守るため緊急かつやむを得ない場合」にも該当する。

なお、デジタル社会形成整備法51条による改正個人情報保護法（令和3年5月成立）の施行後の改正個人情報保護法では、「明らかに本人の利益になるとき」「その他保有個人情報を提供することについて特別の理由があるとき」には個人情報の外部提供がみとめられており、個人情報保護法上でも従前どおりの解釈をすることが可能である。

## 2　医療の提供

### (1) 医療の提供主体

　救出した被災者を含む負傷者、特に重傷者に対しては、迅速かつ適切な医療が提供されなければならない。

　災救法はかかる医療の提供を都道府県知事に求めている（災救法2条、4条1項4号）。ただし、関連事務について、市町村長による事務処理の特例等がありうる（災救法2条、13条）。

　なお、災救法で規定しているのは、医療を必要とする状態にあるにもかかわらず、災害のために医療の途（みち）を失った者であるから、被災地における医療であっても、通常の保険診療等が行われている場合、又は行える場合は、災救法に定める「医療」を提供する必要はない（災害救助実務研究会編著『災害救助の運用と実務―平成26年版―』。(以下「運用と実務」という) 第一法規（2014年）347頁参照）。

　ただし、「災害のために医療の途を失った」には、災害のため当該医療機関が1日に診療できる患者数をはるかに超える患者が発生し、救護班の派遣を必要とする場合も含まれるので（「運用と実務」347頁参照）、大規模災害の場合には、多くの医療の提供が災救法に基づき提供されることになろう。

　災救法に基づいて提供される医療は救護班によって行われるのが原則であり、都道府県立又は市町村立の病院診療所や災救法16条の規定により都道府県知事等から委託を受け、医療業務に従事する日本赤十字社の救護班がここでいう「救護班」とされる（「運用と実務」350頁参照）。

　これらに加え、もう一つ重要な組織としてDMAT（Disaster Medical Assistance Team（災害派遣医療チーム）の略）が挙げられる。

　「DMAT」とは、阪神・淡路大震災を踏まえて、大地震等の災害時に被災者の生命を守るため、被災地に迅速に駆け付け、救急治療を行うための専門的な訓練を受けた医師等によって構成される医療チームであ

り、都道府県単位で設置されている（DMATウェブサイト「DMATとは？」参照）。

災対法34条に基づく防災基本計画の定めに基づいて厚生労働省が「**日本DMAT活動要領**」を策定しており、これによれば、DMATは、被災地域の都道府県の派遣要請に基づいて派遣されるのが原則であるが、緊急の必要があると認められるときは、都道府県の派遣要請がない場合であっても、厚生労働省が派遣要請をすることができる（「日本DMAT活動要領の一部改正について」平成28年3月31日付医政地発0331第1号厚生労働省医政局地域医療計画課長通知。以下「DMAT要領通知」という。別添1「日本DMAT活動要領」I.2参照）。

なお、大規模災害が発生した場合、都道府県は、管内のDMAT指定医療機関（DMAT派遣に協力する意志を持ち、厚生労働省又は都道府県に指定された医療機関（「日本DMAT活動要領」Ⅱ．10参照））及び全国の都道府県に対してDMATの派遣を要請することとされている（「日本DMAT活動要領」Ⅳ.1参照）。

## （2）医療の提供体制

大規模災害時の被災者に対する医療提供に係る体制については、これまで、救護班（医療チーム）の派遣調整等については派遣調整本部、被災都道府県における保健衛生活動を行う保健師チーム等の派遣調整については各都道府県の担当課が行ってきた。

しかし、2016（平成28）年熊本地震における対応に関して、内閣官房副長官（事務）を座長とする2016（平成28）年熊本地震に係る初動対応検証チームより取りまとめられた「平成28年熊本地震に係る初動対応の検証レポート」（平成28年7月20日）において、医療チーム、保健師チーム等の間における情報共有に関する課題が指摘され、今後、「被災地に派遣される医療チームや保健師チーム等を全体としてマネジメントする機能を構築する」べきとされた。

こうした点を踏まえ、各都道府県における大規模災害時の保健医療活動に係る体制の整備に当たり、保健医療活動チームの派遣調整、保健医療活動に関する情報の連携、整理及び分析等の保健医療活動の総合調整

を行う**保健医療調整本部**を設置することとした(「大規模災害時の保健医療活動に係る体制の整備について」平成29年7月5日科発0705第3号ほか厚労省通知)。

保健医療調整本部には、被災都道府県の医務主管課、保健衛生主管課、薬務主管課、精神保健主管課等の関係課及び保健所の職員、災害医療コーディネーター等の関係者が参画し、相互に連携して、当該保健医療調整本部に係る事務を行うこととされ、また、保健医療調整本部には、本部長を置き、保健医療を主管する部局の長その他の者のうちから、都道府県知事が指名することとされた。

さらに、保健医療調整本部は、保健所、**保健医療活動チーム**(災害派遣医療チーム(DMAT)、日本医師会災害医療チーム(JMAT)、日本赤十字社の救護班、独立行政法人国立病院機構の医療班、歯科医師チーム、薬剤師チーム、看護師チーム、保健師チーム、管理栄養士チーム、災害派遣精神医療チーム(DPAT)その他の災害対策に係る保健医療活動を行うチーム(被災都道府県以外の都道府県から派遣されたチームを含む)をいう。以下同じ)その他の保健医療活動に係る関係機関(以下単に「関係機関」という)との連絡及び情報連携を行うための窓口を設置することとされた。

かかる体制のもと、保健医療調整本部は、被災都道府県内で活動を行う保健医療活動チームに対し、保健医療活動に係る指揮又は連絡を行うとともに、当該保健医療活動チームの保健所への派遣の調整を行う任務を担う。

ただし、災害発生直後においては、人命救助等に支障が生じないよう、保健所を経由せず、被災病院等への派遣の調整を行う等、指揮又は連絡及び派遣の調整(以下「指揮等」という)について、臨機応変かつ柔軟に実施することとされている。

次に、保健所は、派遣された保健医療活動チームに対し、市町村と連携して、保健医療活動に係る指揮又は連絡を行うとともに、当該保健医療活動チームの避難所等への派遣の調整を行う任務を担う。

なお、保健医療調整本部及び保健所は、保健医療活動チームに対し、当該保健医療活動チームが実施可能な活動の内容、日程、体制、連絡先

等の情報をあらかじめ保健医療調整本部及び保健所に登録し、保健医療調整本部及び保健所の指揮等に基づき活動を行うよう求めることとされ、保健医療活動チームに対する指揮等の実施に当たっては、救急医療から保健衛生等の時間の経過に伴う被災者の保健医療ニーズの変化を踏まえることとされている。

以上の体制によって被災者に対する医療提供をしつつ、保健医療調整本部と保健所は、現場で活動を行う保健医療活動チームや関係機関との間で、当該保健医療活動チームの活動内容、被害状況、保健医療ニーズ等に関する情報連携を行い、保健医療活動を効果的・効率的に行えるようにする。

また、保健所は、今後実施すべき保健医療活動を把握するため、市町村と連携して、収集した保健医療活動チームの活動の内容及び被害状況、保健医療ニーズ等の整理及び分析を行い、保健医療調整本部は、各保健所が整理及び分析した情報を取りまとめて、保健医療活動の総合調整に活用することになる（図2-1）。

以上の医療提供体制は、保健医療活動チームに関する全体的な体制だが、保健医療活動チームのうちDMATについては、例えば中央防災会議幹事会による「**南海トラフ地震における具体的な応急対策活動に関する計画**」において、具体的な派遣・活動計画が定められており、南海トラフ地震以外の大規模災害時にも参考になるだろう。

## （3）健康保険証の紛失への対応

### ①被災者の健康保険証の紛失

被災者にとって大きな心配事の一つが、健康保険証（被保険者証）の紛失により、医療費負担に不利益があるのではないかという問題である。東日本大震災では津波で数多くの住宅が流出したり、原子力発電所事故で自宅から貴重品を持ち出せなかったりした被災者が多数おり、医療費負担の有無について弁護士等へ多数の相談が寄せられている。特に問題となるのは、被災者が健康保険証の紛失を憂慮して、医療機関への受診を控えたりし、疾病や健康状態を悪化させる危険があるということである。

■図 2-1 大規模災害時の保健医療活動に係る体制

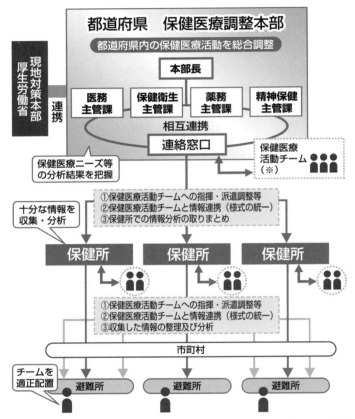

※「大規模災害時の保健医療活動に係る体制の整備について」平成 29 年 7 月 5 日科発 0705 第 3 号厚労省通知（参考資料）をもとに作成

## ②健康保険証を紛失しても保険診療を受けられる

大規模な災害により健康保険証を紛失した被保険者が、疾病などで受診が必要になった場合や既往症の通院治療を受けるような場合には、当該医療機関にその旨や、氏名、住所などを告げれば、健康保険証を提示

しなくても医療機関を受診し、保険診療を受けることができる。窓口で一時的にも10割負担をすることを要しない。かかる取扱いは、大規模災害時において厚生労働省から医療機関や保険者へ通知されることが通常である。自治体としては、これらの取扱いが実施されるものであることを十分に認識しておく必要がある。

加えて、被害が大きい被災者については、医療保険の窓口負担や介護保険の利用料の支払いも不要となる取扱いがなされるので、これらの取扱いについても自治体は認識しておく必要がある。

（医療保険等窓口負担についての特例の実績）

災救法の適用市町村の住民で、適用市町村の国民健康保険・介護保険、適用市町村が所在する府県の後期高齢者医療、協会けんぽ（以下の「対象保険者」に記載の保険者）に加入している場合、次のア〜オのいずれかに該当する場合は、医療機関、介護サービス事業所等の窓口でその旨を申告することで、医療保険の窓口負担や介護保険の利用料について支払いが不要となる。

ア　住家の全半壊、全半焼、床上浸水又はこれに準ずる被災（※罹災証明書の提示は必要なし。窓口における口頭申告で足りる）。

イ　主たる生計維持者が死亡し又は重篤な傷病

ウ　主たる生計維持者の行方が不明

エ　主たる生計維持者が業務を廃止、又は休止

オ　主たる生計維持者が失職し、現在収入がない

### ③被災者及び医療機関への周知を徹底する

健康保険証の紛失時の対応や、窓口負担無料の特例については、厚生労働省からの通知があるとしても、災害時の混乱の中において、必ずしも医療機関等で認識できていないケースがある。そこで、自治体としても、被災者の健康維持・支援の一環として、健康保険証紛失への対応や医療費無料の取扱いが行われている場合には、これらを被災者に周知し、かつ自治体内に存在する医療機関側にも十分に周知確認をしておくことが求められる。

## 3 避難者支援（第1段階）

### (1) 避難所の設置（一般避難所）・避難者名簿作成

災救法4条4項、同法施行令3条1項に基づき定められた基準（「**災害救助法による救助の程度、方法及び期間並びに実費弁償の基準**」（平成25年10月1日付内閣府告示228号（以下「**一般基準（平成25年内閣府告示228号）**」という））2条1号ロによれば、避難所は、原則として、学校、公民館等既存の建物を利用することとされている。

ただし、これら適当な建物を得難い場合は、その他の既存の建物を利用して差し支えないとされ、その例として民営の旅館やホテルの借上げによる方法が挙げられている（以下、これら公営・民営施設の利用に係る避難所を「**一般避難所**」という。なお、民間施設の利用については、「災害救助事務取扱要領」（令和2年5月内閣府政策統括官（防災担当））第4、1(1)イ（イ）参照）。

本書では、一般避難所への避難を第1段階、後述の福祉避難所への避難を第2段階とし、前者を初動時、後者を応急時の対応として整理している。

まず、発災直後は、学校のように多くの避難者が利用できる建物を避難所とするのが合理的である。その方が避難者の分散が抑制され、運営すべき避難所の数が少なくて済むからである。避難所の数が少ない方が、その運営はもちろん、救援物資の輸送経路も効率化できる。

とはいえ、避難所の数を絞りすぎて避難者を収容できないのでは本末転倒である。

自治体としては、公共施設を避難所とするだけでは被災者を収容しきれないと予想される場合には、あらかじめ民間施設を避難所として指定するといった対策を講じておくべきである（かかる事前準備については、第1章2「避難所の指定・運営準備」参照）。

避難所を設置した後、自治体は、食料の配給等のため避難者の数や状況の把握をする必要があることから、避難者一人一人に氏名、生年月日、性別、住所、支援の必要性の有

無等を記帳してもらい、**避難者名簿**を作成することになる。

そのため、こうした個別の情報を記載でき、情報の開示先、開示する情報の範囲についての被災者の同意の有無についてもチェックできる避難所名簿の様式をあらかじめ作成し、印刷して避難所の備蓄倉庫に保管しておくべきであろう。

また、作成した避難者名簿の情報については、災対法90条の3に基づき作成する被災者台帳に組み込み、継続的な被災者支援に活用するのが相当である（第3章5(3)「被災者台帳の避難支援への活用」参照）。

### (2) 避難所の運営

避難所の運営は、運営責任者を配置して行うこととされている（「内閣府避難所指針」第2、4(1)①参照）。

この運営責任者については、発災直後は施設管理者や市町村職員が担い、最終的には避難者による自主的運営に移行することが想定されている（「内閣府避難所指針」第2、4(3)参照）。

また、発災直後から当面の間の運営責任者については、交替ができる体制に配慮することとされている（「内閣府避難所指針」第2、4(1)③参照）。

その他、具体的な避難所の運営については、第2章3(4)「避難所運営ガイドライン」、コラム3「災害救助法を徹底活用せよ」（57頁）、コラム4「避難所「TKB」」（60頁）を参照されたい。

なお、大規模災害により肉体的にも精神的にも疲労している被災者にとって、避難所の円滑な運営は極めて重要であり、自治体がこの点に対応するためには、事前の十分な準備が必要である（具体的な事前準備については、第1章2「避難所の指定・運営準備」参照）。

### (3) 避難所の解消

避難所の開設期間は災害発生日から7日以内とされているが（一般基準（平成25年内閣府告示228号）2条1号へ）、大規模災害では特別基準による期間延長が必要となるだろう。ちなみに、東日本大震災では、「東日本大震災に係る災害救助法の弾力運用について（その7）」（平成23年5月6日付社援総発0506第1号厚生労働省社会・援護局総務課長通知）1(2)により、避難所の供与は

必要に応じて「当分の間」実施して差し支えないとされた。

ただし、自治体は、避難所の設置が応急的なものであることを念頭にその統廃合を進め、避難所の早期解消に向けた効率的な運営に努めるべきである。

## (4) 避難所運営ガイドライン

### ①避難所の環境改善と災害法制実務

災救法に基づく避難所の設置主体は自治体（都道府県又は救助実施市）である（災救法4条1項1号、災対法86条の6）。災救法の適用があった場合の基準については、一般基準（平成25年内閣府告示228号）に定められており、それによれば、以下の基準となっている。

【「内閣府告示228号」（第2条1号）に記載されている避難所設置基準】

イ 災害により現に被害を受け、又は受けるおそれのある者に供与するものであること。

ロ 原則として、学校、公民館等既存の建物を利用すること。ただし、これら適当な建物を利用することが困難な場合は、野外に仮小屋を設置し、天幕を設営し、又はその他の適切な方法により実施すること。

ハ 避難所の設置のため支出できる費用は、避難所の設置、維持及び管理のための賃金職員等雇上費、消耗器材費、建物の使用謝金、器物の使用謝金、借上費又は購入費、光熱水費並びに仮設便所等の設置費として、一人一日当たり330円以内とすること。

ニ 福祉避難所（高齢者、障害者等（以下「高齢者等」という）であって避難所での生活において特別な配慮を必要とするものに供与する避難所をいう）を設置した場合は、ハの金額に、当該地域において当該特別な配慮のために必要な通常の実費を加算することができること。

ホ 避難所での生活が長期にわたる場合等においては、避難所に避難している者への健康上の配慮等により、ホテル・旅館など宿泊施設の借上げを実施し、これを供与することができること。

ヘ 避難所を開設できる期間は、災害発生の日から7日以内とすること。

しかし、大規模災害において避難

所生活が長期化したり、避難者の中に高齢者・障害者・妊婦・子供等をはじめとする災害時要配慮者がいることは当然に予定されており、もはやかかる一般基準（平成25年内閣府告示228号）の範囲内における避難所運営では、健康維持や栄養摂取すらおぼつかないことは想像に難くない。そこで、避難所を最低限度の健康生活が維持できる居住空間とすべく、過去の災害を教訓に作成されたガイドラインや指針を参照することが不可欠である。これらは、平常時から精読し、避難所の備蓄体制の充実化や、自治体間や自治体と民間との間の「**災害時応援協定（災害協定）**」の整備に反映させることが不可欠である。

**②避難所運営ガイドラインの考え方**

2016（平成28）年4月に策定された内閣府（防災担当）「**避難所運営ガイドライン**」は、「住まいを失い、地域での生活を失った被災者の拠り所」であり、かつ「在宅で不自由な暮らしを送る被災者の支援拠点」である避難所における被災者の健康維持を第一目的として避難所及び避難生活の質の向上を目指したガイドラインである。ここでいう「質」とは、贅沢や豪華さを指すのではなく、「人がどれだけ人間らしい生活や自分らしい生活を送ることができているか」という「質」を問うものであり、個人の収入や財産を基に算出される「生活水準」とは全く異なる考え方である。憲法25条1項の生存権や、憲法13条の幸福追求権を根拠にする根源的な被災者や住民の権利と位置づけることもできるだろう。

例えば、避難所の寝床としては、エアマットや段ボールなどを床に敷くというだけではなく、数日のうちに簡易ベッド（段ボールベッドやキャンプベッド等）を確保すること等が必要になる。

東日本大震災後に避難所の状況を視察した海外有識者たちは、日本の避難所は国際的な難民支援基準を下回るという厳しい指摘をした。国際的な水準については、「スフィアプロジェクト」によって、「人道憲章の枠組みに基づき、生命を守るための主要な分野における最低限満たされるべき基準」を定め「**スフィア・ハンドブック**」としてまとめられている。

■図2-2 避難所運営ガイドラインの項目

| 運営体制の確立（平時） |
| --- |
| 1. 避難所運営体制の確立　　4. 受援体制の確立<br>2. 避難所の指定　　　　　　5. 帰宅困難者・在宅避難者対策<br>3. 初動の具体的な事前想定 |

| 避難所の運営（発災後） |
| --- |
| 6. 避難所の運営サイクルの確立　10. 衛生的な環境の維持<br>7. 情報の取得・管理・共有　　　11. 避難者の健康管理<br>8. 食料・物資管理　　　　　　　12. 寝床の改善<br>9. トイレの確保・管理　　　　　13. 衣類　　　　　14. 入浴 |

| ニーズへの対応 |
| --- |
| 15. 配慮が必要な方への対応　　17. 防犯対策<br>16. 女性・子供への配慮　　　　18. ペットへの対応 |

| 避難所の解消 |
| --- |
| 19. 避難所の解消に向けて |

※内閣府（防災担当）「避難所運営ガイドライン」（2016（平成28）年4月）参照

### ③避難所運営ガイドラインの概要

　避難所運営ガイドラインは内閣府避難所指針をベースに、避難所設置の際の19のチェック項目（図2-2）を解説したものである。避難所の設置に関する平常時からの準備にはじまり、避難所の解消までを時系列で示しており、避難所設営のマニュアルとして確実に参照されなければならないものである。

### ④避難所及び避難生活の向上は法的責務

　段階的かつ確実に、避難所及び避難生活の質を向上させることは、避難所設置主体である都道府県や政令市、実際の運営を行う基礎自治体の責務として位置づけられる。災対法は、避難所における生活環境の整備等について「災害応急対策責任者は、災害が発生したときは、法令又は防災計画の定めるところにより、遅滞なく、避難所を供与するとともに、当該避難所に係る必要な安全性及び良好な居住性の確保、当該避難所における食糧、衣料、医薬品その他の生活関連物資の配布及び保健医療サービスの提供その他避難所に滞在

する被災者の生活環境の整備に必要な措置を講ずるよう努めなければならない」（災対法86条の6）としている。

なお、避難所に実際に滞在しない在宅被災者であっても、かかる理念は共通しており、災対法においても「災害応急対策責任者は、やむを得ない理由により避難所に滞在することができない被災者に対しても、必要な生活関連物資の配布、保健医療サービスの提供、情報の提供その他これらの者の生活環境の整備に必要な措置を講ずるよう努めなければならない」（災対法86条の7）と明記されていることは見落としてはならない。

> **コラム3** 災害救助法を徹底活用せよ

（1）災害救助の根拠は「災害救助法」にある

大規模な災害において実施されるべき救助のメニューは「災害救助法」によって定められている。救助活動が国の予算支援のもと自治体主導で行われる理由がここにある。さらに「災害救助法による救助の程度、方法及び期間並びに実費弁償の基準」（平成25年内閣府告示228号）によって、救助項目の詳細と費用の最低基準が定められている。この告示は「一般基準」と呼ばれる（災救法施行令3条1項）。ただし、標準値ではなく最低基準を定めたものと理解すべきである。

災害救助法で明示された救助の種類（災救法4条、同法施行令2条）
1 避難所及び応急仮設住宅の供与
2 炊き出しその他による食品の給与及び飲料水の供給
3 被服、寝具その他生活必需品の給与又は貸与
4 医療及び助産
5 被災者の救出
6 被災した住宅の応急修理

7 　生業に必要な資金、器具又は資料の給与又は貸与
8 　学用品の給与
9 　埋葬
10 　政令で定めるもの（①死体の捜索等、②土石・竹木等の除去）

　一般基準の具体例は、54頁に避難所の設置に関する部分の一部を記述したので改めて参照されたい。

(2) 災害救助法の特別基準を徹底活用せよ
　災害規模によっては、避難生活が長期化することを我々は経験済みである。これまでの教訓からも避難所・仮設住宅の環境整備が、災害関連死の防止に効果的であることもわかっている。ところが、一般基準（平成25年内閣府告示228号）では、大規模災害における被災者の応急救助として不十分である。そこで、災救法は、一般基準では十分な被災者救助・支援ができない場合には、自治体と国が協議することで災害救助基準の上乗せを認めている（つまりその分の国費支援がある）。多くの自治体にとって共通となる事項については、国のほうから積極的に上乗せ支援ができることを「通知」として発信している実績が多数ある。東日本大震災や熊本地震においても、住環境整備を中心に、数々の上乗せ措置が認められていることを、医療・看護・福祉・保健衛生関係の支援者側も認識し、大規模災害が起きる前からこれらを学習し、いざ災害が起きたときには、これらを先例として参照することで、積極的に避難生活の環境改善を訴える必要がある。

【東日本大震災や熊本地震における災害救助法の柔軟運用（特別基準の設定を含む）の例（いずれも発災後の国の通知によるごく一例）】
　○避難所における簡易ベッド・パーテーション・生活家電・入浴施設・障害者等へ配慮したトイレ等の設置
　○避難所の仮設風呂の設置に加え、旅館・ホテルなどの近隣入浴施設

利用
○避難所における栄養管理・介護食や温かい食事の供給・栄養士や調理師等派遣
○建設型応急住宅のバリアフリー化・集会場設置
○賃貸型応急住宅（みなし仮設住宅）へのエアコン等の設置
○賃貸型応急住宅（みなし仮設住宅）の家賃の地域性への配慮

（3）被災者自らも健康と生活を守る知恵を

　2018（平成30）年7月豪雨（西日本豪雨）の被災地である、岡山県倉敷市真備地区の避難所支援をきっかけに開発され、被災者の一部へ配布された**「いまから手帳」**は、避難生活を送る被災者自らが個人情報や既往症などを記述し、日々の食生活・治療歴・投薬歴などを記録していく、書き込み式冊子（手帳）である。健康に関する記録のみならず、住まいやお金に関する「生活再建の制度」のチェックリストも設けている。おくすり手帳や母子手帳のような機能を持つものと考えてもらいたい。肉体的・精神的な健康の維持に加え、社会的・経済的な意味での再生の情報も加えることで、真の意味での「健康」維持を目指す手帳として注目された実績がある。避難生活の環境改善を訴える一つのツールとして、被災者自身へも、生活の記録をとることを促すことが、支援者の重要な任務となる。

## （5）新型コロナウイルス感染症と避難所対応

　熊本県をはじめ九州を中心に全国各地に大被害をもたらした「2020（令和2）年7月豪雨」は、新型コロナウイルス感染症まん延下における大規模災害であった。内閣府（防災担当）は**「新型コロナウイルス感染症を踏まえた災害対応のポイント【第1版】」**（2020年6月16日）を策定するなどして、避難所環境整備を中心に自治体への啓発を実施した。豪雨災害直後に各地へ発出された内閣府通知「**避難所の確保及び生**

活環境の整備等について（留意事項）」（2020年7月4日以降順次）においても、避難所の設置について「新型コロナウイルス感染症の現下の状況を踏まえ、あらかじめ指定した指定避難所以外の避難所を開設するなど、可能な限り多くの避難所の開設を図り、特にホテル・旅館、研修所、その他宿泊施設等の活用に努めること。」など、特別基準を活用した災害救助事務の実施が示唆された。自治体としては、これらの通知を教訓として、感染症のまん延の有無にかかわらず、被災者の命と健康を守ることを第一とした避難所環境整備と平時からの備蓄及び支援団体との災害協定を進めていく必要がある。

### コラム4　避難所「TKB」

　避難所における「TKB」とは、避難所において最優先で環境整備すべき、Toilet（トイレ：清潔で誰でも利用できるトイレの設置や応急工事）、Kitchen（キッチン：キッチンカー等による温かい食事の提供）、Bed（ベッド：雑魚寝やマットレスではない簡易ベッド・段ボールベッド等の供給）の頭文字である（このうち、トイレとベッドについての詳細は、第2章4（3）「トイレの提供」、同（4）「簡易ベッドの提供」参照）。

　東日本大震災や熊本地震では、多くの避難所でこれらの整備が遅れたり、何ら手当てされないことが多かった。例えば、①被災地自治体からの要請をもとに支援が行われたため、支援が実施されるまで、被災者は危険な避難所環境に数日間置かれていた、②災害直後に業務集中で混乱した被災地自治体は、迅速な災害対応と適切な避難所運営を担うことは困難であった、③災救法や災害関連法規に精通した専門職を自治体は常置していないため、被災者救護が有効に行われなかった、という課題が残っている（「**避難所・避難生活学会からの提言**」2017年12月参照）。

　一方で、2018（平成30）年7月豪雨（西日本豪雨）や2018（平成30）年北海道胆振東部地震の被災地に開設されたある避難所では、早

い時期（数日〜2週間程度）で避難生活を送る全員に漏れなく簡易ベッド（段ボールベッド）が配備されたという実績も残っている。現場の担当者に医学的・科学的な知見が備わり、かつ災救法により環境整備されるべき最低限の設備であるとの確信をもって運営に当たれば、導入決断時に災救法の特別基準が明確になっているかどうかにかかわらず、即時のベッド導入をはじめとする避難所環境の整備は可能である。過去の災害でも迅速なベッド導入の実績があることを知っておきたい。

## 4 食品・飲料水・生活物資の提供

### (1) 食品・飲料水等の提供

避難所運営の一環として考えられるのが、避難者への支援物資の提供である。

このうち、避難所において提供が必須となるのは、生きていく上で最低限必要な物資、すなわち食品と飲料水であろう。冬季においては被服・寝具の有無も生命に関わる場合があるため、原則として、食品等と併せて提供されるべきである。

災救法による救助の種類としては、これらのほかに「生活必需品」が挙げられており（災救法4条1項3号）、身の回り品、日用品等が想定されているが（一般基準（平成25年内閣府告示228号）4条2号）、いずれもその有無が生命身体の危険に直結するとまではいえない。

よって、初動時においては、自治体は上記4品目（食品・飲料水・被服・寝具）の調達・供給の算段に重点を置くべきであろう。

このうち食品の経費については、一般基準（平成25年内閣府告示228号）3条1号ハで一人一日当たり1,160円（2021（令和3）年4月1日現在）以内とされているが、実際の経費は地域により幅があると考えられるので、自治体には特別基準の設定を視野に入れた柔軟な対応が求められる。

例えば、東日本大震災において、宮城県は、厚生労働省に照会の上で

基準額を一人一日当たり1,500円以内とする特別基準を設定している（仙台市「東日本大震災仙台市震災記録誌―発災から1年間の活動記録―」（2013年3月）175頁参照）。

### (2) 被服・寝具の提供

災救法による救助の種類として含まれる被服（洋服上下、上着、下着、靴下等）・寝具（布団、毛布、タオルケット、枕等）については（災救法4条1項3号）、一般基準（平成25年内閣府告示228号）では現物支給によることとされている（一般基準（平成25年内閣府告示228号）4条2号）。

これらの物資の提供について、現金を支給し被災者が購入する形ではなく、現物支給とする理由は、災害時には経済が混乱して金銭機能が失われ、一方で金銭が使用可能となれば災害救助の必要性が消滅するという点にあるとされてきたが、阪神・淡路大震災や東日本大震災等の過去の大規模災害時に照らしても、当該理由に絶対的な合理性があるとは考えにくい。

現在の「災害救助事務取扱要領」（令和2年5月版）では、「現物給付の原則」として「法による救助は見舞制度ではなく、災害により現に救助を必要とする被災者に対して確実に行われる必要がある。例えば、金銭を給付した場合には、その金銭が救助と異なる使途で用いられる可能性も生じてしまうことから、そのようなことがないよう、物資や食事、住まい等について「現物」での給付を原則としている。」とする（「災害救助事務取扱要領」第1、1（3））。

むろん、被服や寝具を提供する事業者が被災して、これらの物資を直ちに販売することができず、備蓄物資を活用せざるを得ない場合には、被災者のニーズにかかわらず、現物支給によることになろう。

しかし、そのような事情がなく、昨今のICT技術や物流技術の向上に伴って被災者がそのニーズに応じて被服や寝具を調達できる場合にまで、現物支給を徹底しなければならない合理性はなく、自治体としては、状況に応じて被災者に現金を支給する（「災害救助事務取扱要領」で懸念されている目的外利用のおそれがあるのであればバウチャー制度の活用も考えられる）という対応も視野に入れるのが相当である。

なお、金銭が使用可能となれば災害救助の必要性が消滅するとの考え方は、被災者が現に現金を保有しているのであればともかく、それを含めてすべての財産を失った者には当てはまらないから、金銭が使用可能になったからといって現金支給による災害救助の必要性が消滅するわけではない。

ちなみに、かかる対応については、都道府県知事が必要と認めた場合という条件はあるものの、災救法上可能とされているものであることにも留意すべきである（災救法4条3項）。

「災害救助事務取扱要領」にも明記されているとおり、現物支給はあくまで「原則」であり、大規模災害時のような非常事態において、かかる原則に金科玉条のごとく固執すべきではなかろう。

### (3) トイレの提供

#### ①災害時のトイレ問題の深刻さを理解する

トイレを6時間以上我慢できる人はほとんどいない。

災害により水洗トイレが機能しなくなると、排泄物の処理が滞り衛生上の深刻な問題を誘発する。特に避難所等でトイレが不衛生であると、排泄を我慢するために水分や食品摂取（実は水分の多くは通常の固形の食事から摂取されている）を控え、栄養状態悪化、脱水症状、急性肺血栓塞栓症（エコノミークラス症候群）等の健康障害が起き、ひいては災害関連死を引き起こすことになる。トイレ環境悪化は、被災者の生命に関わる事項であり、避難所運営の中でも最も重要なものと認識する必要がある。

内閣府「**避難所運営ガイドライン**」においても、「トイレの確保・管理」は避難所運営の基幹業務として位置づけられている。住民や避難所施設管理者だけが自主的に行うべきものではなく、避難所設置主体である自治体が積極的に関与する必要がある。

#### ②トイレの確保・管理ガイドライン（トイレ基本計画）と備蓄・調達

内閣府「**避難所におけるトイレの確保・管理ガイドライン**」（2016年4月）には、過去の災害を教訓に避難所におけるトイレの確保・管理に関するノウハウが凝縮されてい

ここで重要なのは、災害発生以前から、自治体の地域防災計画においてトイレの確保・管理に関する計画（トイレ基本計画）を詳細に定めておく必要があるとしている点にある。

　トイレ基本計画の策定に当たっては、①災害時のトイレを確保する上での制約は何か（断水、凍結、停電、下水施設破損、し尿処理施設破損、浸水継続、個室破損、誰でもトイレ不整備）を考慮する、②自治体が中心となり地域や住民と体制づくりを行う（トイレ設営訓練等を実施）、③被害想定や訓練を踏まえトイレの備蓄・調達・応援・災害協定などのベースとなるトイレ基本計画を策定することを平常時から行っておく必要がある。

　特にトイレの調達やし尿処理については、専門事業者への業務委託が欠かせない。災害直後からの仮設トイレ設置に関する災害協定を締結しておくことが必要である。万一協定がなくても、速やかに情報収集や近隣自治体の応援によって専門業者による仮設トイレ設置を進める必要がある。

　なお、災害用トイレの種類や時間経過による設営のノウハウについては、日本トイレ研究所**「災害用トイレガイド」**（ウェブサイトを検索）に詳しいので、計画策定や災害直後のトイレ設置において参考になる。

### ③マンホールトイレの整備・運用

　水洗式のコンテナトイレの配備とあわせて、応急対応として有用となるがマンホールトイレの設置である。日常生活に近いトイレ環境を迅速に確保できることから東日本大震災や熊本地震の避難所においても設置された実績がある。国土交通省水管理・国土保全局下水道部は**「マンホールトイレ整備・運用のためのガイドライン-2021年版-」**（令和3年3月）を策定し、マンホールトイレの必要数の算定、快適なトイレ環境の確保に向けて配慮することが望ましい事項、事前準備と訓練、使用後の片づけ、導入事例等を解説している。但し、先述の「トイレ確保・管理ガイドライン」にあるように、避難期間が長期間になると見込まれる場合には、最終的にはコンテナトイレ等の配備も行うことが重要である。

## ④災害救助法による予算支出根拠

トイレの設置は、災救法の救助メニューの中では「避難所及び応急仮設住宅の供与」（災救法4条1項1号）に含まれている。一般基準（平成25年内閣府告示228号）2条1号ハでは「避難所の設置のため支出できる費用は、避難所の設置、維持及び管理のための賃金職員等雇上費、消耗器材費、建物の使用謝金、器物の使用謝金、借上費又は購入費、光熱水費並びに仮設便所等の設置費として、一人一日当たり330円以内とすること」とされている（2019（令和元）年10月23日現在の基準）。

当然ながら、内閣府の「避難所におけるトイレの確保・管理ガイドライン」の理念を実現し、かつ被災者の健康の維持と災害関連死の防止を達成するためには、避難所設置の一般基準（平成25年内閣府告示228号）の範囲内の予算では不可能である。一方で、予算がないことはトイレの環境を整備せずに被災者の命を危険に晒す理由になり得ないことも当然である。

災救法施行令は「救助の程度、方法及び期間は、応急救助に必要な範囲内において、内閣総理大臣が定める基準に従い、あらかじめ、都道府県知事又は救助実施市の長が、これを定める」（同令3条1項）と規定し、これを受けて上記の一般基準（平成25年内閣府告示228号）が定められている。加えて、「内閣総理大臣が定める基準によっては救助の適切な実施が困難な場合には、都道府県知事等は、内閣総理大臣に協議し、その同意を得た上で、救助の程度、方法及び期間を定めることができる」とし、救助基準の上乗せ（国費支出）を認める規定（特別基準）を設けている（災救法施行令3条2項）。

被災自治体はあらかじめトイレ基本計画を策定し、都道府県レベル、市町村レベルで一丸となって、災救法の上乗せ基準によるトイレ確保・管理を目指すことを怠ってはならない。

## ⑤避難所運営における安全配慮義務とトイレ管理

内閣府の「避難所運営ガイドライン」や「避難所におけるトイレの確保・管理ガイドライン」が公表されている以上、トイレの確保・管理の不備によって災害関連死等の重篤な

犠牲が住民に発生すれば、避難所の設置主体である自治体は、避難所利用者に対する安全配慮義務を怠ったものと判断され、損害賠償責任（国家賠償責任）を問われる可能性は十分に想定される。

学校や公民館といった公的施設におけるトイレの管理だけではなく、民間事業者の協力を得て設置される避難所や、帰宅困難者対策における「一時滞在施設」も、法令上の位置づけは災救法上の「避難所」になると考えられる。

自治体はあらゆる避難施設におけるトイレの確保・管理に目を配りトイレ基本計画を策定し、それを実現する災害協定をできる限り準備することが求められる。

## (4) 簡易ベッドの提供

### ①避難所環境とエコノミークラス症候群

エコノミークラス症候群とは、「急性肺血栓塞栓症」の通称として知られている。血液の循環が悪くなる等の原因で静脈の中に血の塊（静脈血栓）ができ、それが血液の流れに乗って肺に到達し、肺の動脈を閉塞することで発症する。血栓の大きさによっては呼吸困難や胸痛を起こし、命にも危険が及ぶ。そして、これらの発症率は避難所環境と関連していることが医学的調査から解明されている。

東日本大震災の被災地において、米国で開発された自然災害時の避難所環境を評価する「自然災害避難所環境アセスメントスコア」というチェックリストを使って、200か所の避難所を評価したところ、アセスメントスコアが高い(環境が良い)避難所では、エコノミークラス症候群の発生頻度が低いことが判明している（図2-3）。裏を返せば、避難所環境を改善すれば、災害関連死を防止することに極めて高い効果があるということになる。

### ②簡易ベッドや弾性ストッキングが効果的

エコノミークラス症候群への対策として、水分の摂取や適度な運動などを推奨する取組は多いが、これだけでは疾病を防ぐことはできない。2008（平成20）年の岩手宮城内陸地震の際の調査では、避難者の人口密度が高い場合、運動施設や子供の遊び場の確保などがなければ、運

■図 2-3　CDC 避難所アセスメントスコアと DVT 陽性率

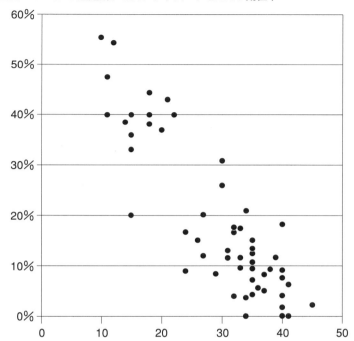

※榛沢和彦監修『別冊 地域保健 いのちと健康を守る　避難所づくりに活かす 18 の視点』東京法規出版（2018 年）35 頁
※CDC（アメリカ疾病対策センター）の避難所アセスメントスコアを用いて東日本大震災の 200 か所を評価したところ、避難所環境が良いほど、DVT（下肢深部静脈血栓症）の頻度も少なかった。

動指導だけではエコノミークラス症候群が改善されていないことが確認されている。

2011（平成 23）年の東日本大震災では、多くの避難所で検査の結果エコノミークラス症候群が確認され、最低限のむくみの解消のために「弾性ストッキング」の配布を行った実績がある。

最も効果的なのは「簡易ベッド」

である。マットレスや硬い寝床における「雑魚寝状態」においては、エコノミークラス症候群の発症率が高くなる。これは災害関連死に直結する深刻な疾病となる。2014（平成26）年の広島土砂災害や、2015（平成27）年の関東東北豪雨の避難所では、段ボールベッドの導入によりエコノミークラス症候群の発症率が低下したという実績がある。

また、段ボールベッド（簡易ベッド）により、床に近い距離でのほこりやカビの吸引が防げることから、他の循環器系の疾病も同時に予防できるというメリットもある。逆に床での雑魚寝では呼吸器疾患をも誘発する危険性がある。

### ③災害救助法を根拠に適切な避難所運営を

内閣府「**避難所運営ガイドライン**」では、避難所運営における「健康管理」の項目に「寝床の改善」が大きな項目として掲げられている。自治体はこれらのガイドラインを根拠に十分な備蓄と災害発生後の簡易ベッド（キャンプベッドや段ボールベッドなど）の調達を最優先で実施することが求められる。

寝床の改善（ベッドの設置）については、災救法の救助メニューの中では「避難所及び応急仮設住宅の供与」（災救法4条1項1号）に該当する。費用の基準は、「避難所の設置、維持及び管理のための賃金職員等雇上費、消耗器材費、建物の使用謝金、器物の使用謝金、借上費又は購入費、光熱水費並びに仮設便所等の設置費として、一人一日当たり330円以内とすること」とされている（「一般基準」平成25年内閣府告示228号、2021（令和3）年4月1日現在の基準）。

しかし、当然ながら、これでは簡易ベッドの完全配備は不可能であり、「**特別基準**」（災救法施行令3条2項）による上乗せが求められるところである。都道府県と市町村は、一体となって簡易ベッドの導入が当然に行われるような環境整備や備蓄を行っておくことが求められよう。内閣府「避難所運営ガイドライン」が存在することから、これらに従い予算を獲得することを念頭に置いて避難所を運営すべきである。

#### ④東日本大震災や熊本地震における特別基準の実績

過去の災害では、簡易ベッドやトイレの導入などについては、災救法の一般基準（平成25年内閣府告示228号）を超える特別基準の設定が当然のようになされてきている。東日本大震災では当時災救法を所管していた厚生労働省による通知「東日本大震災に係る災害救助法の弾力運用について（その1）〜（その8）」、「東日本大震災に係る応急仮設住宅について（その1）〜（その4）」などがあり、避難所の環境整備を積極的に実施するよう国から自治体に向けて情報提供をしている（室﨑益輝ほか『自治体の機動力を上げる先例・通知に学ぶ大規模災害への自主的対応』第一法規（2019年）第3章参照）。

熊本地震でも内閣府（防災担当）による通知で、「避難所の生活環境の整備等について（留意事項）」「平成28年熊本地震に係る災害救助上の留意事項等」「平成28年熊本地震における避難所の暑さ対策について」、「避難所における食生活の改善について」等の情報提供がなされている（前掲書第3章参照）。

都道府県や自治体においては、過去に避難所の改善に取り組んだ国の実績があることを十分に学習し、災害時に積極的に国に対して予算要望を含めた避難所の改善を求めることができるよう準備しておくべきである。

## 5 輸送路の確保

### (1) 輸送路─初動時の基幹インフラ

初動時においては、被災者の救出や医療の提供のため、被災自治体の域外から急行する緊急消防援助隊（消組法45条）や警察災害派遣隊（警察法60条1項）、災害派遣要請に基づく自衛隊（自衛隊法83条1項、2項本文）等の**緊急通行車両**（災対法76条1項）の交通路を確保する必要がある。

また、大規模災害が発生した場合、事前の備蓄を上回る食品・飲料水等が被災者のために必要となると考え

られるが、これらの供給は救援物資に頼らざるを得なくなるだろう。

その際、被災自治体には、各避難所をネットワーク化した上で、救援物資の物流体制を構築することが求められるが、当該物流体制は、輸送路が損壊・閉塞していては意味をなさない。

緊急通行車両の交通障害は、被災者の生命身体の危険に直結する可能性があり、食品・飲料水等の救援物資の滞留は、少なくとも被災者の肉体的・精神的な健康状態の悪化につながるといえるだろう。

その意味では、緊急通行車両の交通路と救援物資の輸送路は初動時の基幹インフラといってよく、被災自治体はその確保に相当の重点を置かなければならない（鍵屋一「地域防災最前線82―岩手県釜石市山崎元危機管理監に聞く―東日本大震災、発生から4年(2)」地方行政10546号（2015年）14頁参照）。

### (2) 交通規制

緊急通行車両の交通や救援物資の物流体制の構築のため、損壊している道路の補修や閉塞している道路の啓開が必要になる場合があることは否定できない。

しかし、被災自治体としては、車両交通や物資輸送の効率性を大きく阻害しない限り、補修・啓開作業の必要がない又は軽度の補修・啓開作業で済むルートを選択すべきであろう。

その上で、なお道路補修・啓開作業が必要と判断された場合であっても、当該道路の損壊状況や堆積物・遮蔽物の内容によっては、補修・啓開までにある程度の期間を要することが考えられる。

その間については、代替路を設定するほかないが、幹線道路を確保できるとは限らず、何らかの措置を講じないと渋滞によって緊急通行車両の交通に支障が生じたり、救援物資の物流が滞ってしまうおそれがある（鍵屋一「地域防災最前線89―阪神・淡路大震災復興誌を読む(11)―第2部各論第1章生活第3節救援物資(2)」（以下「鍵屋・復興誌を読む(11)」という）地方行政10561号（2015年）12、13頁参照）。

そこで、道路補修・啓開までの応急措置として考えられるのが交通規制である（「鍵屋・復興誌を読む(11)」17頁参照）。

都道府県公安委員会（以下単に「公安委員会」という）は、交通の安全と円滑を図るため等の理由による交通規制権限（道交法4条1項）及び**災害応急対策の実施のための交通規制権限**を有している（災対法76条1項）。

実際の交通規制は、発災直後は道交法5条1項や6条2項に基づいて警察署長や警察官が機動的に実施することになると思われる。

ただ、大規模災害が発生した場合の交通規制は、広域にわたる総合的な判断を要する事項であるため、速やかに災対法に基づく公安委員会の実施に切り替えるべきであろう（「鍵屋・復興誌を読む（11）」14頁参照）。

この場合、公安委員会は、各都道府県の定める**緊急輸送道路ネットワーク計画**（緊急輸送道路ネットワーク計画等の策定について（平成8年5月10日建設省道防発第4号建設省道路局企画課道路防災対策室長通知、同道路防災対策室課長補佐事務連絡）参照）における緊急輸送道路と調整を図りながら、道路管理者との協議を踏まえて交通規制の対象区間を決定することになろう。

なお、この点については、川崎市のウェブサイトにおける解説が参考になる。

### (3) 道路補修・啓開（車両等撤去・損失補償を含む）

被災自治体は、交通規制による応急措置と並行して道路補修・啓開作業を進めることになる。

その際、被災自治体は、道路管理者として災害応急対策の妨げになる車両その他の物件の占有者等に対し、移動その他の措置を命じ、当該命令に従わない等の場合には自ら当該措置（やむを得ない限度における当該物件の破損を含む）をとることも可能である（災対法76条の6第1項、3項）。

ただし、破損を伴った場合は通常生ずべき損失を補償しなければならない（災対法82条1項）。

実際の道路補修・啓開作業については、重機や専門知識を要する場合も多いと考えられるため、そのオペレーション要員を擁する組織が担当するのが妥当であろう。

具体的には、都道府県知事から災害派遣要請を受けた自衛隊や被災自治体と協定を締結している民間業者（土木・建設業者）が考えられるが、

その他の組織として**緊急災害対策派遣隊（TEC-FORCE**（Technical Emergency Control Forceの略））が考えられる。

TEC-FORCEとは、大規模自然災害が発生した場合等において、被災自治体等が行う、被災状況の迅速な把握、被害の発生及び拡大の防止、被災地の早期復旧その他災害応急対策に対する技術的な支援を実施するための国土交通省所管の組織である（緊急災害対策派遣隊の設置に関する訓令（平成24年5月28日国土交通省訓令第31号）1条参照）。

TEC-FORCEの活動には、被災状況の調査や応急復旧支援が含まれており（緊急災害対策派遣隊（TEC-FORCE）設置細目（平成20年4月25日国土交通省災害対策連絡調整会議申合せ）3条参照）、実際、緊急輸送道路の被災状況の調査や応急復旧工事も想定されている（国土交通省九州地方整備局編「南海トラフ巨大地震におけるTEC-FORCE（緊急災害対策派遣隊）活動計画『第1次計画』【第1版】」（平成26年3月）第15章第2①、四国地方整備局防災業務計画（平成15年6月20日国四整訓第9号、最終改正平成25年3月6日国四整訓第14号）第2編第3章第6節8(3)1参照）。

被災自治体は、各地方整備局等と締結している協定等に基づき、TEC-FORCEの派遣要請を行うことになろう。

例えば、四国地方整備局は、2011（平成23）年11月、四国内の全市町村との間で「災害時における情報交換及び支援に関する協定書」を締結している（記者発表資料参照）。

一方、自治体が認識しておくべき道路啓開に関する裁判例として、仙台高判平成24年12月12日判例地方自治375号76頁（控訴審で確定）がある。

本件は、東日本大震災において発生した津波によって県道上まで流された原告所有の船舶を、被告（名取市）の災害派遣要請を受けた自衛隊等が、道路啓開作業の一環として災対法64条2項前段、8項前段に基づいて移動させた際に損傷したことについて、原告が被告に対して国家賠償法による損害賠償を求めた事案である。

結論として、原審、控訴審ともに、当該船舶の移動の必要性、緊急性、

行為態様等の相当性を検討し、本件の損傷行為に職務権限の目的・範囲の逸脱又はその濫用は認められないとして、国家賠償法上の違法性を否定した。

被災自治体は、災対法64条2項前段の措置を講じるに当たり、上記裁判例の挙げた各要件（必要性、緊急性、相当性）を念頭に置いておくべきではある。しかし、大規模災害の発生という事態の重大性に照らせば、市町村長が被災者救援のため必要と判断した場合には、明らかに上記各要件を満たさないと考えられるような特段の事情がない限り、災対法64条2項前段に基づく措置を講じることをためらうべきではないだろう。

なお、本件のような事案を災対法64条1項の問題として扱い、同法82条1項の損失補償を認める方法も考えうるが、同法64条2項や76条の3第2項に基づく措置は、公共の福祉に基づく一般的な制限であり、同法82条のように法律で特別の補償措置が講じられている場合を除き、憲法上の補償は必要ないと解しつつ、上記判例の要件を満たさない措置については別途国家賠償を認めるのが、現行法の解釈として無難と思われる。

### （4）救援物資の輸送

被災自治体は、交通規制や道路補修・啓開を行いながら、被災者の救出や医療の提供、救援物資の輸送を行うことになる。このうち救援物資の輸送業務については、当初は自衛隊が担当することも考えられるが、徐々に民間の運送業者にシフトしていくことになろう（鍵屋一「地域防災最前線86―宮城県東松島市大友元市民生活部長に聞く（中）―東日本大震災、発生から4年(6)」地方行政10554号（2015年）18頁参照）。

多くの自治体には、救援物資の輸送に関し各県トラック協会との協定があると思われるが、迅速かつ効率的な被災者救援のため、救援物資の供給と輸送をセットにした協定も考えられる。

その一例として、徳島県、アマゾンジャパン・ロジスティクス株式会社及びヤマト運輸株式会社の三者による**「災害発生時における物資輸送に関する協定」**が挙げられる（具体的な協定内容については、徳島県のウェブサイト参照）。

## 6 男女共同参画の視点

### (1) 災害対応力を強化する女性の視点

内閣府男女共同参画局は、2020（令和2）年5月に「**災害対応力を強化する女性の視点～男女共同参画の視点からの防災復興ガイドライン～**」を公表した。東日本大震災をはじめとするこれまでの災害で男性と女性とのニーズのギャップから、女性への配慮が欠け、ひいては人権侵害・健康被害に繋がることなどが指摘されていた。そこで、防災から復興までの各段階において男女共同参画の視点を重視すべきことが再確認されたのである。

ガイドラインは基本方針として、①平常時からの男女共同参画の推進が防災・復興の基盤となる、②女性は防災・復興の「主体的な担い手」である、③災害から受ける影響やニーズの男女の違いに配慮する、④男女の人権を尊重して安全・安心を確保する、⑤女性の視点を入れて必要な民間との連携・協働体制を構築する、⑥男女共同参画担当部局・男女共同参画センターの役割を位置付ける、⑦要配慮者への対応においても女性のニーズに配慮する、との7点を掲げたうえ、「平常時の備え」「初動段階」「避難生活」「復旧・復興」といった災害時の全フェーズにおける男女共同参画のポイントを記述している。なかでも初動段階や避難生活のフェーズでは、防犯対策、生理用品等の支援、妊婦への配慮、授乳環境の整備など、女性の人権、生命、健康が脅威にさらされることがないように、十分にガイドラインを参照することが不可欠となる。

### (2) 初動における女性等への配慮

内閣府男女共同参画局では、「災害対応力を強化する女性の視点」を十分に反映すべく、わかりやすい各種チェックシートを準備している。これらは既に内閣府（防災担当）策定の「**避難所運営ガイドライン**」にも記述されているが、これまでの災害対応で見落とされてきたことから、改めて重要項目を示したものである。具体的には、「備蓄チェックシー

ト」「避難所チェックシート」「応急仮設住宅・復興住宅チェックシート」「授乳アセスメントシート」（①聞き取り表、②フローチャート、③配布リーフレット）がある。ここでは、「備蓄チェックシート」の内容を示す（図2-4）。これらは、初動としての避難所設置段階において、すべての被災者へ確実に支給されるべきものとして把握しておく必要があろう。

## ■図 2-4 備蓄チェックシート

# 備蓄チェックシート

- ▶ 備蓄の品目や数量について、女性と男性のニーズの違い、妊産婦や子育て家庭のニーズに配慮することが必要です。品目や数量については、当事者である女性が参画して、検討してください。
- ▶ 個人によってニーズは異なりますが、一人あたり最低3日間の量を備蓄することが望まれます。住民に対しても、平常時から備えを促しましょう。

| | |
|---|---|
| 女性用品 | ☐ 生理用ナプキン（普通、長時間向け等）<br>☐ おりものシート<br>☐ サニタリーショーツ<br>☐ 防犯ブザー／ホイッスル<br>☐ 中身が見えないゴミ袋<br>☐ 女性用下着（各種サイズ） |
| 若者（女性） | ☐ 女児用下着（発達段階ごとに適したサイズ、形態のもの）<br>☐ 防犯ブザー／ホイッスル |
| 妊産婦 | ☐ 妊産婦用下着<br>☐ 妊産婦用衣類<br>☐ 防犯ブザー／ホイッスル<br>☐ 母乳パッド |
| 乳幼児用品 | ☐ 粉ミルク（アレルギー用含む）又は液体ミルク<br>☐ 枕やクッション（授乳室ごとに数個）、授乳用ケープ・バスタオル等（ストールでも可）<br>☐ 乳幼児用飲料水（軟水）<br>☐ 哺乳瓶・人工乳首（ニップル）・コップ（コップ授乳用に使い捨て紙コップも可）・消毒剤・洗剤・洗浄ブラシ等の器具、割りばし<br>☐ 湯沸かし器具・煮沸用なべ（食用と別にする）<br>☐ 離乳食（アレルギー対応食を含む）<br>☐ 皿・スプーン<br>☐ 乳幼児用紙おむつ（各種サイズ、女児用、男児用）、おむつ用ビニール袋<br>☐ おしりふき |
| 介護用品 | ☐ 大人用紙おむつ（各種サイズ、女性用、男性用）、おむつ用ビニール袋<br>☐ 尿取りパッド（女性用、男性用）<br>☐ おしりふき<br>☐ 介護食（おかゆ、とろみ食、とろみ剤）<br>☐ 簡易トイレ・据置式洋式トイレ<br>☐ 防犯ブザー／ナースコール<br>☐ 義歯洗浄剤 |
| 外国人（女性） | ☐ スプーン・フォーク<br>☐ ストール<br>☐ 宗教上の理由に関わらず食べられる食べ物 |
| 共通 | ☐ プライバシーが十分に保護される間仕切り・パーティション<br>☐ 足腰が悪い人のための寝具（段ボールベッド等） |

第3章
応急編

# 1 避難者支援（第2段階）

## (1) 福祉避難所の設置・運営

　高齢者、障害者等であって避難所での避難生活において特別な配慮を必要とするものに供与する避難所を**福祉避難所**という（一般基準（平成25年内閣府告示228号）2条1号ニ参照。なお、福祉避難所設置の法的根拠は、災対法2条の2第4号、5号、8条2項14号、15号、86条の6とされる（山崎栄一『自然災害と被災者支援』日本評論社（2013年）10頁参照））。

　また、東日本大震災の際には、一般基準（平成25年内閣府告示228号）では対応が困難な場合に都道府県知事が内閣総理大臣（当時の協議先は厚生労働大臣）に協議し、その同意を得て定める**特別基準**（災救法施行令3条2項）の運用について、高齢者等の利用に配慮した避難所が必要となる場合にも民営の旅館等を避難所として借り上げることが可能なので積極的に検討するよう通知がなされた（「平成23年（2011年）東北地方太平洋沖地震に係る災害救助法の弾力運用について」（平成23年3月19日社援総発0319第1号厚生労働省社会・援護局総務課長通知）2(1)参照）。

　ここでいう「高齢者等の利用に配慮した避難所」は、一般基準（平成25年内閣府告示228号）で定める福祉避難所と同じと解してよいと思われる。この運用通知は特別基準に関するものであり、災害一般に当然適用される性質のものではないが、予想される災害規模を勘案すると、大規模災害の際にも同様の運用がなされると考えてよいだろう。

　一般基準（平成25年内閣府告示228号）でいう「避難所での避難生活において特別な配慮を必要とするもの」とは、**「要配慮者」**（災対法8条2項15号）と解され、乳幼児や妊婦等も含まれる（「内閣府避難所指針」第1、5(1)参照）。

　ところで、避難者は、被災と避難による肉体的・精神的疲労を抱えている。特に、高齢者、障害者、乳幼児等の要配慮者は、他の避難者と比べて疲労による心身への影響が大きいと考えられる。

要配慮者のうち、高齢者と障害者については、老人保健施設や障害者支援施設等を二次的避難先としての福祉避難所として想定している自治体が多いが、乳幼児や妊婦その他の要配慮者について具体的な施設まで想定している自治体はそれほど多くないように思われる。

　自治体として、まずは、受入対象者を特定する形での指定福祉避難所制度の積極的活用を考えるべきであろう。

　ただ、大規模災害時においては、指定福祉避難所では必要数に満たないことも十分ありうるところ、筆者は、上記一般基準（平成25年内閣府告示228号）や運用通知にのっとり、その場合には、民営の旅館等を借り上げ、福祉避難所として供与するのが相当と考えている。

　ただし、民営である以上、要配慮者以外の自主的避難者等による宿泊申込みを断る理由がなく、要配慮者の避難先として十分な数を確保できない可能性がある。

　よって、自治体としては、避難者の受入れの要請や経費の支払方法等を定めた協定を事前に民営の旅館等との間で締結しておくのが望ましいといえるが、そのような協定がない場合には、次に述べる広域避難の活用も視野に入れるべきであろう。

　また、福祉避難所の運営については、一般避難所と共通することが多いと考えられるが、避難者が要配慮者であることから、より一層の配慮が求められる。

　この点については、第1章2（1）「避難所の指定」でも取り上げた「福祉避難所の確保・運営ガイドライン」に詳しいので、同ガイドラインを参考に円滑な運営に努めるべきである。

## (2) 広域避難

　避難所の設置は応急的なものであり、避難所とした施設（学校、公民館等）の本来の機能を早期に回復することが必要となる（「内閣府避難所指針」第2、14(1)③参照）。

　しかし、東日本大震災の主たる被災地である岩手・宮城・福島3県では、避難所運営期間が相当長期に及んでいる（復興庁ウェブサイト掲載資料によれば、これら3県の合計避難所数は、発災後6か月後でもなお100か所を超えている）。

　避難所の長期運営は、その他の被

災者救援実務の円滑な実施の妨げになる可能性があるため、被災自治体としては、民間の旅館等の借上げを伴う**広域一時滞在**（災対法86条の8以下）を活用すべきであろう（「県域を越えた避難者の旅館・ホテル等への受入れについて」（平成23年3月24日社援総0324第1号厚生労働省社会・援護局総務課長通知）参照）。

この場合、受入れ先自治体における救助のうち、食品を含む生活必需品の提供については、一般基準（平成25年内閣府告示228号）に定める基準額を上限とする現金支給（またはバウチャー制度の活用）によるのが相当と思われる（山崎栄一『自然災害と被災者支援』日本評論社（2013年）14頁参照）。

## 2　通行路（被災者の移動用）の確保

初動時においては、被災者の救出、医療の提供のための緊急通行車両の交通路や、救援物資の輸送路の確保が求められるが（第2章5「輸送路の確保」参照）、応急時においては、人の通行路の確保が必要となる。

民間の旅館等の借上げを伴う広域一時滞在（災対法86条の8以下）や公営住宅等の借上げを伴う応急仮設住宅の提供（災救法4条1項1号）がなされる場合、被災者の移動も広域にわたることになるからである。

その際の被災者の主たる移動手段としては、自家用車やバスが想定される。

よって、通行路を新たに設定する際の交通規制、道路補修や啓開に関する留意点については、初動時における交通路や輸送路の確保の場合と同様である（第2章5「輸送路の確保」参照）。

なお、実務上は、初動時に確保した交通路や輸送路を順次被災者の通行路として開放していくことも考えられるだろう。

一方、移動手段の確保について、都道府県知事は、運送事業者である**指定公共機関**（災対法2条5号）又は**指定地方公共機関**（同法2条6号）（以下、合わせて「**指定公共機関等**」

という)に対し、運送すべき人並びに運送すべき場所及び期日を示して、被災者の運送を要請することができる(災対法86条の14第1項)。具体的な運送事業者としては、バス会社や船舶会社等が考えられる。

都道府県知事は、指定公共機関等が、正当な理由がないのにかかる要請に応じないときは、被災者の保護の実施のために特に必要があると認めるときに限り、当該指定公共機関等に対し、書面をもって被災者の運送を行うべきことを指示することができる(災対法86条の14第2項)。

ここでいう「正当な理由」とは、要請に応じることが極めて困難な客観的事情がある場合に限られるものであり、具体的には、資機材の故障等により運送を行うことができない場合や、要請を受けた指定公共機関等が別の都道府県知事からすでに被災者の運送を要請されている場合、運送を行うことが安全でない状況にある場合等が考えられるとされている。

また、都道府県知事は、被災者の救助のため特に必要があると認めるときは、輸送関係者を救助(輸送)に関する業務に従事させることができる(災救法7条1項)。

なお、広域避難の必要性は、第一次的には市町村長が判断することになるから(災対法86条の8第1項、86条の9第1項)、市町村長は、被災者の広域運送の必要が生じた場合には、当該市町村を包括する都道府県知事に対して、被災者の運送の要請を指定公共機関等にするよう求めることになると考えられる。

都道府県知事は、最終的には指定公共機関等に対して運送の指示や従事命令が出せることを念頭に置きつつ、事前に指定公共機関等と災害協定を結ぶなどして、大規模災害発生後、迅速かつ円滑に被災者の広域運送に協力が得られるような体制の構築をしておくべきであろう。

# 3 水道の回復

## (1) ライフラインの回復

ライフラインとは、都市生活に不可欠な水道・電気・ガスなどの供給システムをいう（新村出編『広辞苑〈第7版〉』岩波書店（2018年）3050頁参照）。

日本においては、電気とガスは民間事業者が提供しており、上水道については原則自治体が経営主体となっている（水道法6条2項）。

また、下水道についても、自治体が設置や修繕等の管理を行うこととされている（下水道法3条）。よって、大規模災害が発生した場合、水道については、自治体が回復を主導しなければならない。

1995（平成7）年1月17日に発生した阪神・淡路大震災では、ライフラインのうち、電気・ガスの回復は、倒壊家屋等一部を除き、電気が同年1月23日、ガスが同年4月11日となっている。

これに対し、水道については、上水道の仮回復が1995（平成7）年2月28日、全戸の通水が完了したのは同年4月17日で、下水道については仮回復が完了したのが同年4月20日となっており、水道については電気やガスに比べて回復に時間がかかっている（以上につき、兵庫県「阪神・淡路大震災の復旧・復興の状況について」（令和3年1月）参照）。

この傾向は東日本大震災でも変わりはなく、沿岸部の浄水場や下水道施設が津波により大きな被害を受けたこともあり、水道の復旧には相当の時間を要している（厚生労働省「東日本大震災水道施設被害状況調査最終報告書」（以下「厚労省報告書」という）（平成25年3月）第3章補足資料1図1～8参照）。

これらの情報から、直接的には大震災発生時における水道回復の困難性がうかがわれる一方、事前準備、特に大規模災害の発生を見越した応援体制の構築と水道関連施設の地震・津波対策の重要性も読み取れるだろう（具体的な事前準備については、第1章5「水道の回復への備え」参照）。

以下においては、上水道と下水道

に分け、その回復について述べる。

## (2) 上水道の回復

　上水道の被害状況との経過から見た東日本大震災の大きな特徴として、広域地震災害であることと津波による被害が広範囲に及んだことが挙げられる。

　広域地震災害によって１都道府県を想定した上水道回復の応援体制では不十分であることが露呈し、津波によって水源喪失の原因に津波が加わった場合の対応の困難性（津波による水道施設の全壊、地盤沈下、塩害による水質問題等）が明らかになった（厚労省報告書第５章(1)、(2)①参照）。

　これらの点に十分に対応するには、上水道の広域化、協定等による全国的な応援体制の構築、上水道施設の耐震化といった中長期的な施策が不可欠である（厚労省報告書第５章(3)②参照）。

　ただ、事前に十分な対策を講じられなかった被災自治体にとって、大規模災害発生時の広域にわたる上水道の回復はかなり困難な作業と思われ、また、隣接自治体による応援に多くを期待することもできないだろう。

　したがって、この場合における上水道の回復に当たっては、国による関連情報の収集と提供も重要な役割を担うと考えられるところ、この点については、各都道府県に対し、断水等の状況をとりまとめて、厚生労働省健康局水道課に報告することが求められている（「健康危機管理の適正な実施並びに水道施設への被害情報及び水質事故等に関する情報の提供について」（平成25年10月25日付健水発1025第１号厚生労働省健康局水道課長通知）第２項参照。同通知には、水道課のメールアドレス、直通電話番号、ファックス番号に加え、緊急時用の携帯電話番号・メールアドレスの記載があるが、適宜最新情報へのアップデートが必要となろう）。

　また、多くの自治体が会員となっている公益社団法人日本水道協会は、東日本大震災で浮き彫りになった上述の問題点を踏まえ、既存の「**地震等緊急時対応の手引き**」を見直し、応援の広域化や長期化にも対応できるよう改訂を行っている（公益社団法人日本水道協会「地震等緊急時対応の手引き」（平成25年3月改訂）

(以下「水道協会手引き」という)参照)。

「水道協会手引き」では、応急給水の実務、上水道の応急復旧の手順、応援隊の受入体制の構築等の実践的内容が詳述されているほか、関連する法的事項についても広くカバーされており、自治体の法務担当者にとっても参考になる。

一例として、供給する水が病原生物に著しく汚染されるおそれがある場合等において通水を開始する場合は、必要に応じて塩素剤を追加し、給水栓における遊離残留塩素濃度を0.2mg/ℓ以上とすべきことが、水道法22条、同法施行規則17条1項3号に規定されている旨の記述が挙げられる(「水道協会手引き」48頁参照)。

なお、上水道の回復にかかる費用については、災害の規模に応じて2分の1から10分の8の範囲の補助率による国庫補助を受けることができる(「上水道施設災害復旧費及び簡易水道施設災害復旧費補助金交付要綱」(平成26年4月1日厚生労働省発健0401第3号厚生労働事務次官通知)別紙参照)。

ちなみに、東日本大震災の際には特例措置がとられ、最大100分の90まで補助率が引き上げられている(「東日本大震災に係る水道施設等の災害復旧費の国庫補助について」(平成24年1月27日厚生労働省発健0127第9号厚生労働事務次官通知)別紙参照)。

### (3) 下水道の回復

自治体は、上水道の回復と並行して、下水道の回復も行わなければならない。

上水道が回復してその利用が拡大すれば、生活排水等を処理する下水道の需要が急激に高まると考えられるし、下水道が扱う汚水のうち、し尿については、水系伝染病、ノロウィルス感染等の疫学的リスクが高いからである(下水道地震・津波対策技術検討委員会「下水道地震・津波対策技術検討委員会報告書－東日本大震災における下水道施設被害の総括と耐震・耐津波対策の現状を踏まえた今後の対策のあり方－」(平成24年3月、以下「**下水道報告書**」という)第1編第2章2－3参照)。

下水道の回復については、技術的な観点から、緊急回復、応急回復、

本回復へと段階的に対応するのが妥当との提言がなされている（詳細については、「下水道報告書」第1編第2章参照）。これに対して、法的観点からの留意事項としては、水質に関する法的基準が挙げられる。

例えば、公共下水道（下水道法2条3号）については、処理施設の構造上の技術的基準が定められており（下水道法7条1項、同法施行令5条の4以下）、その中で排出水の汚染状態に関する許容限度（排水基準）が定められている（下水道法施行令5条の5第1項2号）。

大規模災害により処理施設が大きな被害を受けた場合、当初から法の定める排水基準を満たすことは難しく、段階的にクリアしていくほかないと考えられるが、目標とする水質については、常に法の定める排水基準（下水道法のほか、水質汚濁防止法3条1項、排水基準を定める省令別表第二参照）を意識しておかなければならない（「下水道報告書」第1編第2章2—3においては、これらの法令に基づく排水基準を踏まえ、下水道の段階的な回復過程における目標水質が設定されている）。

なお、下水道の回復にかかる費用については、災害復旧事業として3分の2以上が国庫負担となる（公共土木施設災害復旧事業費国庫負担法3条10号、4条参照）。

---

**コラム5　災害時のトイレ利用に関する注意喚起**

大規模災害時においては、水道の回復作業と同時に、トイレの利用についての注意喚起が不可欠である。国土交通省水管理・国土保全局下水道課では**「災害時のトイレ、どうする？」**と題した動画とパンフレットを作成し、災害直後のトイレ利用の留意点を解説している（図3-1）。特に集合住宅では、上階において備蓄などしていた水をトイレの便器に流し込むと、下階の便器から汚水があふれだす構造になっているケースが多くある。マンションの汚損は衛生面において深刻な被害をもたらすことにもなるため、トイレの利用や水の正しい扱いの啓発をしておくこと

が必要になる。

　東日本大震災では、宮城県仙台市の中心街からの被災者の相談事例として、「上の階の配管から水漏れがあったことで家財が水で破損した。損害賠償請求ができないか」といった相談が、弁護士の無料法律相談に寄せられている（日本弁護士連合会『東日本大震災無料法律相談事例集』参照）。被災地内で被災者同士が争う構造になってしまうのである。裁判を見据えた損害賠償紛争へ発展すると、その解決には多大な時間を要することになる。特にトイレの正しい利用をしなかったことで近隣住戸へ被害を及ぼせば、加害者側の損害賠償責任はより認められやすくなるだろう。住民同士の近隣紛争を予防するためにも、災害後の正しいトイレ利用の啓発は不可欠である。

■図 3-1　国土交通省「災害時のトイレ、どうする？」

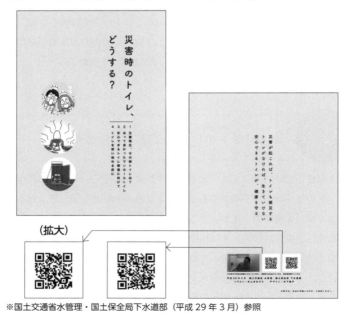

※国土交通省水管理・国土保全局下水道部（平成 29 年 3 月）参照

# 4 罹災証明書の発行

## (1) 罹災証明書

**罹災証明書**とは、災害による住家の被害その他市町村長が定める種類の被害状況の調査を踏まえ、当該被害の程度を証明する書面であって、被災者から申請があった場合の交付が市区町村長に義務付けられているものである（災対法90条の2第1項）。

罹災証明書は、**被災者再建支援金**の支給や住宅の応急修理といった住宅被害に着目した被災者支援措置の適用の多くに活用されている。

ただし、市区町村長が台帳を作成した場合には、当該台帳に記載されている住家の被害その他市区町村長が定める種類の被害の状況（災対法90条の3第2項5号）を当該市区町村内で共有することにより（災対法90条の4第1項2号）、従来申請に当たって罹災証明書の添付を必要としていた支援施策について、その添付を不要とする運用も可能である（「災害対策基本法等（安否情報の提供及被災者台帳関連事項）の運用について」（平成26年1月24日府政防第60号、消防災第21号内閣府政策統括官（防災担当）付参事官（総括担当）、消防庁国民保護・防災部防災課長通知）第2、3(2)①参照）。

これによって、市区町村と被災者双方の負担軽減を図るとともに、支援施策を迅速に実施することができる。市区町村はかかる手法の積極的な活用を図るべきであろう。

## (2) 被害認定の不服への対応

自治体による住家に係る被害判定は、事実状態を判断するものにすぎず、行政処分ではないため、行政不服審査法に基づく審査請求や行政事件訴訟の対象とはならない。

一方、地震に起因する住家被害の調査は、第一次的には外観目視によるのが一般的とされている。そのため、外観から調査可能な部分の調査を行うにすぎず、被害判定の結果が必ずしも住家の損壊状態を的確に反映したものにならないおそれがある。

そこで、被害判定に不服のある被災者は、自治体に再調査を依頼する

ことができるとされている。

　かかる再調査においては、外観目視調査に加えて、内部立ち入り調査が行われるのが通常であり、これによって被害判定の結果が変更される可能性もある。

　それでもなお被害判定の結果に納得しない被災者から再調査依頼がなされ、以後、再調査依頼が繰り返される場合には、被災者と一緒に調査票を記入した例や、調査に建築専門家が同行した例、判定委員会を設けた例等があり、自治体としては、いずれにしても被災者への丁寧な説明・対応が求められる。

## 5　被災者台帳の作成

### (1) 被災者台帳の導入

　初動時の基幹インフラが緊急通行車両の交通路と救援物資の輸送路であるとすれば、応急時のそれは**被災者台帳**（以下「台帳」という）であると考えられる。

　初動時は、とにかく物理的な救出・救援が必要だが、自治体に対する被災者のニーズは徐々に各種法的支援にシフトしていくと考えられる。その際、自治体にとって有用なのが台帳である。

　台帳は、被災地の市区町村長が、被災者の援護を総合的かつ効率的に実施するため必要があると認めるときに、その実施のための基礎として作成するものである（災対法90条の3第1項）。この台帳は、**罹災証明書**の発行、災救法に基づく支援や義援金等の各種被災者支援、避難及び応急仮設住宅供与のベースとなりうるという意味で、まさに応急時の基幹インフラといえる。

　また、大規模災害が発生した場合には、応急時のみならず、被災者生活再建支援のような復旧時の被災者支援のベースとして台帳を活用することも考えられ、その意味では、台帳は、応急・復旧時における被災者支援全体の基幹インフラになるともいいうる。

　この点に照らすと、法的には台帳を「作成することができる」（災対法90条の3第1項）と定められて

いるが、大規模災害が発生した場合、市区町村として台帳を作成しないという選択肢はないだろう（岡本正『災害復興法学』慶應義塾大学出版会（2014年）194頁参照）。

台帳は、被災者生活再建支援金、義援金等の給付、各種税金や公共料金の減免、仮設住宅への入居、住宅修理など、被災者に対する各種法的支援の基礎資料としての幅広い活用が見込まれる（川岸令和「災害と情報―東日本大震災を契機として」鈴木庸夫編『大規模震災と行政活動』日本評論社（2015年）104頁参照）。

台帳に記載すべき事項は法定されており（災対法90条の3第2項、同法施行規則8条の5）、災対法の定める①氏名、②生年月日、③性別、④住所又は居所、⑤住家の被害その他市町村長が定める種類の被害の状況、⑥援護の実施の状況、⑦要配慮者であるときは、その旨及び要配慮者に該当する事由のほか、災対法施行規則の定める⑧電話番号その他の連絡先、⑨世帯の構成、⑩罹災証明書の交付の状況、⑪市町村長が台帳情報を当該市町村以外の者に提供することに被災者本人が同意している場合には、その提供先、⑫当該提供先に台帳情報を提供した場合には、その旨及びその日時、⑬台帳の作成に当たってマイナンバー法2条5項に規定する個人番号を利用する場合には、当該被災者に係る個人番号の記載がなされるが、災対法施行規則8条の5第7号により、市町村長が必要と認める事項も記載可能である。

一例として、支援法に基づく被災者生活再建支援金の支給対象が「その居住する住宅」となっているため、住家、非住家の別を記載することが挙げられる（内閣府（防災担当）「平成26年度被災者台帳調査業務報告書」（平成27年3月）第6章被災者台帳データ項目の例示参照）。

## （2）被災者台帳と個人情報

### ①被災者台帳制度と個人情報保護条例の関係

被災者台帳の導入の最大のメリットは、都道府県と市区町村、あるいは市区町村間で、被災者台帳に記載された情報（当然各自治体の個人情報保護条例における個人情報に該当すると考えてよい）を共有できる点にある。

例えば、基礎自治体ではすべての被災者を把握して手続に遺漏がないかを全部チェックするようなマンパワーがないときには、他の自治体や都道府県などと被災者のリスト（被災者台帳）をオンラインで共有管理することで（例えばサーバーへのアクセスを許容したり、共有サーバーにアップロードしたりすること）、情報更新できるような体制を構築できるのである。

　これは個人情報保護条例上の「外部提供」や「第三者提供」に該当することになるが、2013（平成25）年改正の災対法では、被災者台帳は、被災者支援を目的として自治体間での外部提供等ができるとの記述がある。

　すなわち、個人情報保護条例が定める外部提供等が可能な「法令」上の根拠があるということである。この要件を満たす以上、当然ながら「本人の同意」を取得することは必要ない。

(○災害対策基本法90条の3（抄）)
3　市町村長は、第1項の規定による被災者台帳の作成に必要な限度で、その保有する被災者の氏名その他の被災者に関する情報を、その保有に当たって特定された利用の目的以外の目的のために内部で利用することができる。
4　市町村長は、第1項の規定による被災者台帳の作成のため必要があると認めるときは、関係地方公共団体の長その他の者に対して、被災者に関する情報の提供を求めることができる。

(○災害対策基本法90条の4)
　市町村長は、次の各号のいずれかに該当すると認めるときは、前条第1項の規定により作成した被災者台帳に記載し、又は記録された情報(以下この条において「台帳情報」という。）を、その保有に当たって特定された利用の目的以外の目的のために自ら利用し、又は提供することができる。

一　本人（台帳情報によって識別される特定の個人をいう。以下この号において同じ。）の同意があるとき、又は本人に提供するとき。

二　市町村が被災者に対する援護の実施に必要な限度で台帳情報を内部で利用するとき。

三　他の地方公共団体に台帳情報を提供する場合において、台帳情報の

提供を受ける者が、被災者に対する援護の実施に必要な限度で提供に係る台帳情報を利用するとき。
2　前項（第1号又は第3号に係る部分に限る。）の規定による台帳情報の提供に関し必要な事項は、内閣府令で定める。

### ②被災者台帳とオンライン結合禁止条項の関係

　自治体の個人情報保護条例の中には、いわゆる「オンライン結合禁止条項」を設けている場合があるが、災対法という「法令」があるので、結局オンライン結合が可能となることがほとんどであろう。もっとも、オンライン結合禁止条項は、平常時でも情報連携において大きな弊害をもたらす。総務省は、個人情報保護法が成立した際の、2003（平成15）年6月16日の通知「地方公共団体における個人情報保護対策について」において、オンライン結合禁止条項を廃止するよう推奨しているところである。災害対策の観点から、個人情報保護条例の確認と見直しは必ず実施しておく必要がある。

### ③都道府県と基礎自治体における被災者台帳共有実績

　2013（平成25）年10月に東京都大島町を襲った台風26号による土砂災害（伊豆大島土砂災害）では、全国初の災対法に基づく被災者台帳情報の「共有」が実現した。東京都「大島の応急復旧に向けた取組について」（2013年12月20日）では、「現在大島町で構築中の被災者台帳の情報を大島町と都で共有することにより、各種支援事業を大島町と都で効率的に漏れなく適用し、被災者の生活再建を効果的に進めていく。なお、2013（平成25）年10月1日に施行された改正災害対策基本法の規定において、相互に被災者情報の提供が可能となったことから、本件は、本改正法律施行後における全国初の適用となった」とある。

### ④被災者台帳の共同利用の具体例（書式の具体例）

　ここでは、伊豆大島土砂災害の際に、東京都側が大島町からの避難者を受け入れる際に作成した被災者台帳と、被災地である大島町における被災者台帳の情報を共有する際に交わされた文書を紹介する（図3-2、

図3-3)。これらの文書のやり取りは法令上の要求ではもちろんないが、事務手続の明確性のためには必要になってくるだろう。

#### ⑤マイナンバー（個人番号）と被災者台帳

　自治体があらかじめ独自の条例を策定しておくことで、被災者台帳に個人番号（マイナンバー）を利用することもできる（マイナンバー法9条2項、19条10号）。被災者台帳を作成する段階、市町村の機関内部で連携（庁内連携）する場合、同一地方公共団体内の他機関（市町村長から教育委員会、教育委員会から市町村長）へ特定個人情報を提供する場合などに、マイナンバーを活用できれば、漏れのない台帳作成が可能となるメリットがある。

　事前に条例を策定しておかない限りは、災害が発生したからといって、それだけで直ちにマイナンバーを活用することはできないので、留意が必要である。内閣府（防災担当）による**「被災者台帳の作成等に関する実務指針」**（2017年3月）が、マイナンバーを利用した場合の被災者台帳策定方法や、マイナンバーを利用することのメリットなどを詳細に解説しているので、自治体内でマイナンバーの活用を事前に検討し、システムを整備し、かつ条例の策定を行うよう努めなければならない。

### (3) 被災者台帳の避難支援への活用

　東日本大震災では、災救法の弾力運用という形で一般基準（平成25年内閣府告示228号）での対応が困難な場合の特別基準の設定（災救法施行令3条2項）により、旅館・ホテル等を借り上げて避難所とすることも可能であるとされた（「平成23年（2011年）東北地方太平洋沖地震に係る災害救助法の弾力運用について」（平成23年3月19日社援総発0319第1号厚生労働省社会・援護局総務課長通知）2(1)参照。なお、当時の所管は厚生労働省）。

　かかる特別基準の設定は、大規模災害でも認められることになるだろう。

　本書では、発災直後の避難先は学校の体育館や公民館を想定しているところ、その後、特別基準に基づく旅館・ホテル等を避難先（以下**「第2次避難先」**という）として被災者

# ■図 3-2　大島町から東京都への台帳情報提供の申請と、東京都の回答
（災対法 90 条の 3 第 4 項）

25大総発２０５号
平成25年11月18日

東京都知事　殿

大島町長

被災者に関する情報の提供について（依頼）

　災害対策基本法（昭和36年法律第223号。以下「法」という。）第90条の3第4項の規定に基づき、東京都の保有する被災者に関する情報について、下記のとおり御提供くださいますよう、よろしくお願いいたします。

記

1　申請者の指名及び住所
　　代表者：大島町長
　　所在地：東京都大島町元町1丁目1番14号
　　担　当：総務課文書係長
2　申請に係る被災者を特定するために必要な情報
　　平成25年台風第26号による被災者に関する情報
3　提供を受けようとする情報の範囲
　　（1）　氏名
　　（2）　生年月日
　　（3）　性別
　　（4）　住所又は居所
　　（5）　住家の被害その他種類の被害の状況
　　（6）　援護の実施の状況
　　（7）　要配慮者であるときは、その旨及び要配慮者に該当する事由
　　（8）　電話番号その他の連絡先
　　（9）　世帯の構成
　　（10）　被災者に関する情報を、東京都の実施機関以外の者に提供することに被災者本人が同意している場合には、その提供先
　　（11）　（10）に定める提供先に台帳情報を提供した場合には、その旨及びその日時
　　（12）　（1）から（11）までに掲げるもののほか、被災者の援護の実施に関し東京都が必要と認める事項
4　使用目的
　　平成25年台風第26号による被災者に対する援護を総合的かつ効率的に実施するため
5　その他
　　具体的な被災者に関する情報の種類や提供の仕方については、別途担当と調整を行う。

25総防管第1834号
平成25年11月19日

大島町長　殿

東京都知事

被災者に関する情報の提供について（回答）

　平成25年11月18日付25大総発第205号により依頼のあった被災者に関する情報の提供について、災害対策基本法（昭和36年法律第223号）第90条の3第4項の規定に基づき、下記のとおり提供することとしたので通知します。

記

1　提供者の氏名及び住所
　　代表者：東京都知事
　　所在地：東京都新宿区西新宿二丁目8番1号
　　担　当：総務局総合防災部情報統括担当課長
2　申請に係る被災者を特定するために必要な情報
　　平成25年台風第26号による被災者に関する情報
3　提供を受けようとする情報の範囲
　（1）　氏名
　（2）　生年月日
　（3）　性別
　（4）　住所又は居所
　（5）　住家の被害その他種類の被害の状況
　（6）　援護の実施の状況
　（7）　要配慮者であるときは、その旨及び要配慮者に該当する事由
　（8）　電話番号その他の連絡先
　（9）　世帯の構成
　（10）　被災者に関する情報を、東京都の実施機関以外の者に提供することに被災者本人が同意している場合には、その提供先
　（11）　（10）に定める提供先に台帳情報を提供した場合には、その旨及びその日時
　（12）　（1）から（11）までに掲げるもののほか、被災者の援護の実施に関し東京都が必要と認める事項
4　使用目的
　　平成25年台風第26号による被災者に対する援護を総合的かつ効率的に実施するため
5　その他
　　具体的な被災者に関する情報の種類や提供の仕方については、別途担当と調整を行う。

## ■図3-3 東京都から大島町への被災者台帳共有の依頼と、大島町の回答（災対法90条の4第1項3号）

---

25総防管第1820号
平成25年11月18日

大島町長

東京都知事

被災者台帳情報の提供について（依頼）

　災害対策基本法（昭和36年法律第223号。以下「法」という。）第90条の4第1項第3号及び災害対策基本法施行規則（昭和37年総理府令第52号。以下「令」という。）第8条の6第1項の規定に基づき、大島町において保有する被災者台帳情報について、下記のとおり御提供くださいますよう、よろしくお願いいたします

記

1　提供者の氏名及び住所
　　代表者：東京都知事
　　所在地：東京都新宿区西新宿二丁目8番1号
　　担　当：総務局総合防災部情報統括担当課長

2　申請に係る被災者を特定するために必要な情報
　　平成25年台風第26号による被災者に関する情報

3　提供を受けようとする台帳情報の範囲
　　（1）　法第90条の3第2項第1号から第7号までに掲げる事項
　　（2）　令第8条の5各号に掲げる事項

4　使用目的
　　平成25年台風第26号による被災者に対する援護を実施するため

5　その他
　　具体的な被災者台帳情報の提供の仕方については、別途担当と調整を行う。

25大総収第279号〜2

平成25年11月19日

東京都知事　殿

大島町長

被災者台帳情報の提供について（回答）

平成25年11月18日付25総防管第1820号により依頼のあった被災者台帳情報の提供について、災害対策基本法（昭和36年法律第223号。以下「法」という。）第90条の4第1項及び災害対策基本法施行規則（昭和37年総理府令第52号。以下「令」という。）第8条の6第2項の規定に基づき、下記のとおり提供することとしたので通知します。

記

1　申請者の指名及び住所

　　代表者：大島町長

　　所在地：東京都大島町元町1丁目1番14号

　　担　当：総務課文書係長


2　申請に係る被災者を特定するために必要な情報

　　平成25年台風第26号による被災者に関する情報


3　提供を受けようとする台帳情報の範囲

　　（1）　法第90条の3第2項第1号から第7号までに掲げる事項

　　（2）　令第8条の5各号に掲げる事項


4　使用目的

　　平成25年台風第26号による被災者に対する援護を実施するため

5　その他

　　具体的な被災者台帳情報の提供の仕方については、別途担当と調整を行う。

に提供するに当たって、台帳を活用することが考えられる。

具体的には、台帳記載の要配慮者（災対法90条の3第2項7号）に対し、優先的に第2次避難先を提供することが考えられる。

この場合、2014（平成26）年4月から市区町村長に作成が義務付けられた避難行動要支援者名簿（災対法49条の10第1項）について、災対法49条の11第1項、90条の3第3項及び90条の4第1項2号に基づき、当該名簿に記載された情報を台帳に組み込み、要配慮者の中でも特に支援を要する避難行動要支援者の迅速かつ効率的な避難のために活用することも視野に入れるべきである。

また、避難者名簿は、被災者が避難先で自ら記帳する形で作成することが想定されるが、災対法90条の3第3項及び90条の4第1項2号に基づき、当該名簿に記載された情報も台帳に組み込んだ上で、継続的な被災者支援に活用するのが相当である（「避難所における良好な生活環境の確保に向けた取組指針」（「内閣府避難所指針」）第2、3(4)参照）。

避難との関係でいえば、災対法施行規則8条の5第7号に基づき、避難先を住所／居所（災対法90条の3第2項4号）の付記事項としておき、要配慮者に第2次避難先を提供する際に活用することが考えられる。

## (4) 被災者台帳の応急仮設住宅供与への活用

応急仮設住宅の供与（災救法4条1項1号）は、住家が滅失した被災者のうち、自らの資力では住宅を確保することができない者に対し、簡単な住宅を仮設し一時的な居住の安定を図ることを目的としている（「運用と実務」308頁参照）。

本書では、応急仮設住宅供与については公営住宅や民間賃貸住宅の借上げ等、既存の住宅の活用によるもの（賃貸型応急住宅）を第1段階、応急仮設住宅の建設によるもの（建設型応急住宅）を第2段階として想定しているが、台帳はこれらのいずれについても有用なツールとなる。

具体的には、賃貸型応急住宅・建設型応急住宅を問わず、これを設置した場合には、災対法施行規則8条の5第7号に基づき、所在地（被災者の住所又は居所にも反映）、入退

去管理に関する項目を台帳に追記するのが相当であろう（内閣府（防災担当）「平成26年度被災者台帳調査業務報告書」（平成27年3月）第5章チェックリストNo1-1参照）。参照）。

その上で、要配慮者に対して優先的に第1段階の賃貸型応急住宅を供与することが考えられる。また、要配慮者のうち高齢者については、第2段階としてケアサービスの付いた仮設住宅の建設を検討すべきであろう（児玉善郎「ケア付き仮設住宅では7割が満足」塩崎賢明ほか編『大震災100の教訓』クリエイツかもがわ（2002年）104、105頁参照）。

このいずれの段階においても、要配慮者の記載がある台帳が活用できる。

また、避難先から応急仮設住宅への入居という流れの中でも台帳は活用できる。

例えば、上述のように被災者の避難先を台帳の記載事項とした上で、第2次避難先に避難している要配慮者を、優先的に第1段階の賃貸型応急住宅供与の候補者とすることが考えられよう。

## 6　応急仮設住宅の供与

### (1) 避難から居住へ

被災者は、住家が滅失していなければ、一旦避難した場合であっても、その後帰宅することができるが、住家が滅失した被災者は、別に住居を求めなければならない。

そこで、**応急仮設住宅**の供与（災救法4条1項1号）は、住家が滅失した被災者のうち、自らの資力では住宅を確保することができない者に対し、簡単な住宅を仮設し一時的な居住の安定を図ることを目的としている（「運用と実務」308頁参照）。

一般基準（平成25年内閣府告示228号）によれば、応急仮設住宅は、住家が全壊、全焼又は流出し、居住する住家がない者であって、自らの資力では住家を得ることができないものに供与するものである（一般基準（平成25年内閣府告示228号）

2条2号柱書)。

　かかる要件を厳格に解釈すると、住家が半壊しただけでは応急仮設住宅への入居ができないことになるが、連続して大きな地震が発生した熊本地震を踏まえ、内閣府は住家の半壊の場合を含む応急仮設住宅の入居条件に関し、「①住宅の被害を受け、現在、避難所にいる方はもとより、ホテル・旅館、公営住宅等を避難所として利用されている方や、親族宅等に身を寄せられている方、②二次災害等により住宅が被害を受ける恐れがある、ライフライン(水道、電気、ガス、道路等)が途絶している、地すべり等により避難指示等を受けているなど、長期にわたり自らの住居に居住できない方、③「半壊」であっても、住み続けることが危険な程度の傷みや、生活環境保全上の支障となっている損壊家屋等取り壊さざるを得ない家屋の解体・撤去に伴い、自らの住居に居住できない方」も応急仮設住宅への入居が可能であるとの判断を示した(「平成28年熊本地震に係る応急仮設住宅について」(平成28年5月24日熊本県災害救助担当主管部(局)長宛て内閣府政策統括官(防災担当)付参事官(被災者行政担当)事務連絡)参照)。

　本書では、応急仮設住宅供与については公営住宅や民間賃貸住宅の借上げ等、既存の住宅の活用によるもの(**賃貸型応急住宅**)を第1段階、応急仮設住宅の建設によるもの(**建設型応急住宅**)を第2段階として想定しているが、その法的根拠は、第1段階、第2段階を問わず災救法2条及び4条1項1号である。

## (2) 賃貸型応急住宅(みなし仮設)の供与(第1段階)

　本書において、応急仮設住宅供与を2段階に分け、その第1段階を賃貸型応急住宅(みなし仮設)の供与としたのは、大規模災害発生直後における応急仮設住宅建設の困難が見込まれるためである。

　現に、阪神・淡路大震災では、交通事情、軟弱な地盤、進入路の不存在、近隣住民の反対等の障害のため、応急仮設住宅の建設は困難を極めたようである(鍵屋一「地域防災最前線92―阪神・淡路大震災復興誌を読む(14)―第2部各論第3章住宅(2)」地方行政10569号(2015年)11頁参照)。

　また、東日本大震災においては、

賃貸型応急住宅の供与も可能である旨の通知が発災から1週間程度で出され、その後も段階的にフォローがなされたこともあってか、大きな被害を受けた岩手県、宮城県、福島県の賃貸型応急住宅の供給数は、建設型応急住宅の供給数を上回っている（米野史健「被災者に対する住宅供給の現状と課題」（以下「米野・現状と課題」という）国立研究開発法人建築研究所平成23年度講演会テキスト（2012年）26頁参照）。

特に、東日本大震災では、被災県が、協定を結ぶ不動産業界団体から提供された空室情報を被災者に提供して、希望する物件への入居申込みを受けて借上げを行うという従来からの方法（以下「従来型」という）に加えて、被災者自らが探して入居を決めた又は契約を締結した物件について、県が新規に借り上げる、あるいは県が借り上げる契約へと切り替える方法（以下「特例型」という）が認められたため（「東日本大震災に係る応急仮設住宅としての民間賃貸住宅の借上げの取扱について」（平成23年4月30日社援発0430第1号厚生労働省社会・援護局長通知）第3項参照）、賃貸型応急住宅の利用が増加したと考えられている（「米野・現状と課題」31頁参照）。

例えば、福島県の応急仮設住宅の場合、従来型による供給数のピークは、発災から約3か月後の2011（平成23）年6月29日時点の2,267戸であるが、同時点における特例型による供給数は1万3,202戸となっており（福島県のウェブサイトに掲載されている「応急仮設住宅・借上げ住宅・公営住宅の入居状況推移」参照）、特例型が認められた効果は極めて大きかったといえる。

現在では、一般基準（平成25年内閣府告示228号）により、災害発生の日から速やかに民間賃貸住宅を借り上げ、供給しなければならないとされ、その供給期間は、建設型応急住宅の供与期間（最長で発災から2年3か月（一般基準（平成25年内閣府告示228号）2条2号イ(6)）と同様とされている（一般基準（平成25年内閣府告示228号）2条2号ロ(3)）。

## (3) 建設型応急住宅の供与（第2段階）

### ①建設型応急住宅の供与基準

　建設型応急住宅については、災害発生の日から20日以内に着工し、速やかに設置しなければならないとされている（一般基準（平成25年内閣府告示228号）2条2号イ(5)）。一戸当たりの設置のために支出できる費用は、571万4千円以内（一般基準（平成25年内閣府告示228号）2条2号イ(2)、2021（令和3）年4月1日現在）、供与期間は建基法85条3項又は4項に規定する期限までとされており、これに従うと、最長で発災から2年3か月となる（一般基準（平成25年内閣府告示228号）2条2号イ(6)）。

### ②建設型応急住宅の建設コスト

　東日本大震災や熊本地震のような大規模災害が発生した場合の建設型応急住宅について、一般基準（平成25年内閣府告示228号）によったのでは不都合が生じることとして、建設コストの問題がある。

　「応急」とはいえ「住宅」である以上、被災地の気候条件その他の自然環境や発災時期（夏・冬）などに応じて、必要とされる住宅の構造や品質は異なる、つまり、建設コストは異なると言わざるを得ない。

　この問題への対処法としては、内閣総理大臣に協議し、被災地の実情に応じた特別基準を設定することが考えられる（災救法施行令3条2項）（内閣府（防災担当）「被災者の住まいの確保に関する取組事例集」（平成27年3月）69頁参照）。

　実際、東日本大震災をはじめとする大規模災害発生時の応急仮設住宅の建設コストについて、一般基準（平成25年内閣府告示228号）に定める金額を大幅に上回る特別基準が設定された例がある（具体的な特別基準の一覧として、国土交通省住宅局住宅生産課「応急仮設住宅建設必携中間とりまとめ」（平成24年5月）12頁参照）。

### ③建設型応急住宅の供与期間

　東日本大震災や熊本地震のような大規模災害が発生した場合の建設型応急住宅について、一般基準（平成25年内閣府告示228号）によったのでは不都合が生じることとして、建設コストの問題のほか、供与

期間の問題も生じうる。

　電気・水道・ガスのような生活インフラの損壊のみならず、店舗・工場等の流失、地盤沈下や液状化現象といった形で生活基盤全体が大きな被害を受けた地域では、一般基準（平成25年内閣府告示228号）の2年3か月では復興にまで至らない可能性があり、一般基準（平成25年内閣府告示228号）で定める期間内に応急仮設住宅を解消することが適当でない場合がありうる。

　この問題に関し、大規模災害については、特別法、具体的には特定非常災害特別措置法による手当てが想定されている。

　すなわち、特定非常災害特別措置法8条によれば、発生した災害が特定非常災害（同法2条1項）に該当する場合において、被災者の住宅の需要に応ずるに足りる適当な住宅が不足するため、建基法85条4項に定める期間（2年）を超えて応急仮設住宅を存続させる必要があり、かつ、安全上、防火上及び衛生上支障がないと認めるときは、同項の定めにかかわらず、さらに1年を超えない範囲内において許可期間を延長することができるとされ、当該延長に係る期間が満了した場合において、これをさらに延長しようとするときも同様とするとされている。

　実際、東日本大震災については、かかる規定に基づき、5年が経過した今も多くの応急仮設住宅が継続使用されているとのことである（津久井進「被災地の住宅問題と法」法律時報88巻4号（2016年）14頁参照）。

④ コミュニティスペース確保・寒冷地対策・子供の遊び場

ア　災害救助法の特別基準を確実に定める

　建設型の応急仮設住宅においては、既存仕様のプレハブ住戸の供給にとどまる場合、極めて劣悪な環境に被災者が晒される危険があるだけでなく、寒冷地では現実に配管に支障を来すなど致命的な住環境の破壊をもたらす危険がある。一般基準（平成25年内閣府告示228号）によれば、応急仮設住宅のうち建設型応急住宅については、以下の基準が規定されている。しかし、これらは上限ではなく、最低基準と捉えるべきである。必要なものは確実に実施するという視点を持ち、基準の上乗せ、

特別基準の設定要望を確実に行うべきである。

【一般基準（平成25年内閣府告示228号）】

　建設型応急住宅

(1) 建設型応急住宅の設置に当たっては、原則として、公有地を利用すること。ただし、これら適当な公有地を利用することが困難な場合は、民有地を利用することが可能であること。

(2) 一戸当たりの規模は、応急救助の趣旨を踏まえ、実施主体が地域の実情、世帯構成等に応じて設定し、その設置のために支出できる費用は、設置にかかる原材料費、労務費、付帯設備工事費、輸送費及び建築事務費等の一切の経費として、571万4千円以内とすること。

(3) 建設型応急住宅を同一敷地内又は近接する地域内におおむね50戸以上設置した場合は、居住者の集会等に利用するための施設を設置でき、50戸未満の場合でも戸数に応じた小規模な施設を設置できること。

(4) 福祉仮設住宅（老人居宅介護等事業等を利用しやすい構造及び設備を有し、高齢者等であって日常の生活上特別な配慮を要する複数のものに供与する施設をいう）を建設型仮設住宅として設置できること。

(5) 建設型応急住宅は、災害発生の日から20日以内に着工し、速やかに設置しなければならないこと。

(6) 建設型応急住宅を供与できる期間は、完成の日から建築基準法（昭和25年法律201号）第85条第3項又は第4項に規定する期限までとすること。

(7) 建設型応急住宅の供与終了に伴う建設型応急住宅の解体撤去及び土地の原状回復のために支出できる費用は、当該地域における実費とすること。

イ　特別基準の先例を確実に参照する

　過去の災害では、特別基準が政府の推奨により積極的に策定された事例がある。被災地自治体としては、災害発生前の段階から、これらの先例を把握しておき、必要に応じて直ちに言及や参照ができるようにしておくことが必要である。なお、災救法の所管は、2013（平成25）年の法改正により厚生労働省から内閣府に移管されている。

■バリアフリーについて

「これまで建築された応急仮設住宅の中には、高齢者や障害者等の入居者のための手すりやスロープなどの設置、浴槽を利用する際の段差への配慮や応急仮設住宅周辺の簡易舗装が不十分なケースもあるとの指摘もあることから、改めてこの点に御留意いただくとともに、必要な場合には完成後に簡易スロープや踏み台の設置等のバリアフリー化の補修や応急仮設住宅敷地内通路を砂利敷きから簡易舗装化する場合についても相当な経費が国庫負担の対象となります」厚生労働省通知「東日本大震災に係る応急仮設住宅について（その3）」（平成23年6月21日社援総発0621第1号厚生労働省社会・援護局総務課長6月21日）

「高齢者・障害者等の利用に配慮した住宅の仕様は誰にとっても利用しやすいことから、通常の応急仮設住宅にあってもできる限り、浴室・便所等に手すりを設置するなど物理的障壁の除去された（バリアフリー）仕様となるよう配慮されたい」内閣府通知「平成28年熊本地震に係る当面の住まいの確保についての留意事項」（平成28年4月26日事務連絡内閣府政策統括官（防災担当）付参事官（被災者行政担当））

■暑さ寒さ対策について

「暑さ寒さ対策として必要な場合の断熱材の追加や二重ガラス化、利用者の希望に応じた畳や建具の後付け、日よけ、強風地域での強風対策としての風除室の設置等、地域や入居者の実情に応じて追加的に対応した場合に必要となる相当な経費の増加額についても国庫負担の対象となります」厚生労働省通知「東日本大震災に係る応急仮設住宅について（その3）」（平成23年6月21日社援総発0621第1号厚生労働省社会・援護局総務課長）

■集会施設等について

「応急仮設住宅を同一敷地内又は近接する地域内に概ね50戸以上設置した場合は、居住者の集会等に利用するための施設を設置できる。（中略）なお、集会施設の設置に当たっては、応急仮設住宅が50戸未満の場合でも小規模な集会施設の設置が可能であるので適宜ご相談されたい」内閣府通知「平成28年熊本地震に係る当面の住まいの確保についての留意事項」（平成28年4月26日事務連絡内閣府政策統括官（防災

担当）付参事官（被災者行政担当））
■防火対策や救急器具について

「応急仮設住宅の防火対策等を強化するために、次の設備、備品を整備した場合には、これに要する経費については、災害救助法の国庫対象となるため、具体的な整備に当たっては、それぞれの必要性を踏まえつつ、優先順位をつけて実施されたい。

① 応急仮設住宅の野外に設置されている消火器に加えて、各住戸内への消火器の設置。

② 集会所、談話室へのAED（自動体外式除細動器）の設置。

（なお、設置に当たっては、必要な場合に活用できるよう管理者等を定めるなど適切な管理を行うこと）

③ 各住戸、集会所及び談話室内への非常ベルの設置。」

（厚生労働省通知「東日本大震災で建設された応急仮設住宅における防火対策等の徹底について」（2011年10月26日））

### コラム6　応急仮設住宅と建築基準法の関係

応急仮設住宅といっても建築物であることに変わりはないため、原則として建築基準法の適用があることになる（建基法1条、2条1号）。例外的に、非常災害（大規模災害復興法2条9号）発生時における応急仮設住宅については、建築基準法令の適用を受けないこととされている（建基法85条1項1号）。

ところが、当該条項では、この適用除外を受けるのは「その災害が発生した日から1月以内にその工事に着手するもの」とされており、実務上、かかる要件を満たすことが困難な場合がありうる。この点への対応のため、阪神・淡路大震災の際、当時の建設省（現国土交通省）は、建基法85条1項ではなく、同条2項の柔軟解釈によって応急仮設住宅をこれに含めたようである（日本赤十字社「応急仮設住宅の設置に関するガイドライン」（2008年）35頁参照）。

ただ、条文の文理に照らすと、解釈論としては疑問が残ると

ころで、原則として建基法85条1項によった上で、国と自治体の協議により着工時期を発災後1か月以降に延期した場合には、同項が類推適用されるとする方が、解釈論としては無難ではないかと思われる。

　いずれにせよ、何らかの立法的な手当てがなされるべき事項といえるであろう。

### コラム7　応急修理期間中における応急仮設住宅の使用

　災救法に基づく住宅の「応急修理制度」を利用した場合、応急仮設住宅への入居はできなくなる。つまり、政府は住宅を修繕する支援と仮設住宅への入居支援は択一的なものとして捉えているのである。このような運用方針には従来から厳しい非難が向けられ、行政評価においても改善が要請されていたところであった。熊本を中心に全国的な被害をもたらした「令和2年7月豪雨」では、内閣府（防災担当）より「応急修理期間中における応急仮設住宅の使用について」（2020年7月16日）が発出され、一部運用改善が実現した。

　これにより、応急修理の期間が1か月を超えると見込まれる者であって、「半壊」以上で自らの住居に居住できず他の住まいの確保が困難な場合には、原則として6か月以内の応急仮設住宅入居が認められる運用となった。通常は「賃貸型応急住宅」（みなし仮設）の利用が見込まれることになるだろう。ただし、応急修理が完了した合は速やかに退去する必要があるとされた。もっとも、やむを得ない事情があると認められる場合は、6か月以上の入居も認められる場合がある。災害の規模や修繕業者の手配などの進捗状況に応じて柔軟に対応することが望まれる。

# 7　遺体の埋火葬

## (1) 災害の犠牲者（死者）

　大規模災害を念頭に置いた場合、死者が1人も出ないという想定は、残念ながら現実的ではない。

　自治体は、大規模災害により相当数の住民が犠牲になることを前提とせざるを得ない。

　かかる前提に立った場合に自治体が検討すべき事項の一つに、遺体の埋火葬を中心とする実務対応が挙げられる。災害時における遺体への対応は、大別して、①捜索、②身元調査、③検視・検案、④処置、⑤埋火葬の5つとされている（舩木伸江ほか「大規模災害時における遺体の処置・埋火葬に関する研究」（以下「舩木ほか・遺体の処置等研究」という）自然災害科学24巻4号（2006年）449頁参照）。

　このうち、捜索については本書の中ですでに述べたので（第2章1「被災者の救出」参照）、本項においては、身元の確認がとれた遺体であることを前提として（身元確認に関する課題と対応については、「舩木ほか・遺体の処置等研究」467頁以下参照）、まず検視・検案を取り上げ、遺体の埋火葬に関連する事項をやや詳しく述べた上で、遺体の処置のうち搬送について述べることにする。

　なお、災害時における遺体への対応については、本項で言及したものも含め、「舩木ほか・遺体の処置等研究」に詳しい。また、同論文には、関連文献一覧（阪神・淡路大震災に関するもの）が掲載されているため（451頁）、さらに詳しく研究をする際の便宜にもかなう。

## (2) 検視・検案から埋火葬許可まで

　**検視**とは、人の死亡が犯罪に起因するものであるかどうかを判断するために、五官の作用により死体の状況を見分する処分である（安冨潔『刑事訴訟法〈第2版〉』（以下「安冨・刑訴法」という）三省堂（2013年）82頁参照）。

　災害に起因する死体は、多くが「変死の疑いのある死体（自然死か不自然死か不明の死体であって、不自然死の疑いがあり、かつ、犯罪による

ものかどうか不明なものをいう（「安冨・刑訴法」83頁参照））」と考えられ、その場合、検察官（実務上は、代行検視（刑事訴訟法229条2項）という形で検察官（警察官）が検視を行っていることが多いとされている（「舩木ほか・遺体の処置等研究」450頁参照））が検視すべきことになる（刑事訴訟法229条1項）。

一方、**検案**とは、医師が死因等を判定するために死体の外表を検査することをいう（最三小判平成16年4月13日判夕1153号95頁参照）。検視を経て事件性がないと判断された場合、医師は検案結果を記した**死体検案書**を作成し、遺族の求めに応じてこれを交付することになる（医師法19条2項）。

遺体の検視・検案が終わると、安置のため遺体は棺に納棺され、防腐措置が行われることになる（「舩木ほか・遺体の処置等研究」452頁参照）。それに当たって必要になるのがドライアイスであるが（ドライアイスは、身元確認が長期化した場合の遺体の保存にも必要となる（「舩木ほか・遺体の処置等研究」467頁以下参照））、阪神・淡路大震災の際には、その調達を区役所、警察、葬祭業者の3つの機関が同時に行ったことにより、安置所ごとに必要な数に関する情報が錯綜した例もあったとされる（「舩木ほか・遺体の処置等研究」453頁参照）。

この点については、関係各機関の連携による一本化された調達や配布が必要になろう（「舩木ほか・遺体の処置等研究」468頁参照）。

遺体の埋火葬を行おうとする者は、死亡届等を受理した市町村長の埋葬許可を受ける必要がある（墓地、埋葬等に関する法律5条）。

しかし、大規模災害の発生時においては、通常の手続に従って埋火葬許可証の発行を行っていたのでは、市区町村における死亡届に係る確認作業の困難性等に基づく手続の渋滞に起因して、死体の腐乱等による公衆衛生の深刻な悪化を招きかねない。

そこで、東日本大震災の発生時には、阪神・淡路大震災の際における対応を参考に、厚生労働省から、各都道府県に対し、以下の2つの特例措置を講じることを要請する通知がなされた（「「平成23年（2011年）東北地方太平洋沖地震」の発生を受けた墓地、埋葬等に関する法律に基

づく埋火葬許可の特例措置について」（平成23年3月14日健衛発0314第1号厚生労働省健康局生活衛生課長通知）参照）。

第1に、死亡届等を受理した市区町村に限らず、申請を受けた市区町村が、死亡診断書又は死亡検案書の提出を前提として、埋火葬許可証に代わる証明書（以下「**特例許可証**」という）を発行すること。

第2に、特例許可証による対応によってもなお公衆衛生上の危害を発生するおそれがある場合には、墓地又は火葬場の管理者が、死亡診断書又は死亡検案書の提出を前提として、埋火葬を実施すること。

各自治体は、大規模災害発生時においても上記2つの特例措置を講じることを予定しておく必要があるだろう。

### (3) 遺体の搬送と埋葬

厚生労働省は、東日本大震災に伴う遺体の埋火葬に係る搬送について、これを民間事業者に依頼するよう岩手県、宮城県、福島県に通知しているが（「平成23年東北地方太平洋沖地震による御遺体の埋火葬の体制の確保について」（平成23年3月22日健衛発0322第1号厚生労働省健康局生活衛生課長通知）参照）、実際には自衛隊が大きな役割を担っていたようである（『朝日新聞(DIGITAL)』2011年4月4日「埋葬、自衛隊頼み　災害派遣で初、通常支援へ影響懸念」参照）。

しかし、自衛隊の災害派遣は、都道府県知事等が、「人命又は財産の保護のため必要があると認める場合」に要請することができるとなっており（自衛隊法83条1項）、少なくとも文理上、遺体の搬送がこれに含まれると解釈するのは困難と言わざるを得ない。

その意味で、特に上述の広域火葬計画の策定に当たっては、遺族感情に対する慎重な配慮が必要ではあるものの、大量輸送手段であるトラック、バス、船、航空機などによる遺体の搬送を、民間事業者に依頼することも視野に入れる必要があるだろう（「舩木ほか・遺体の処置等研究」460頁参照）。

なお、遺体の埋葬に係る輸送費については、原則として一般基準（平成25年内閣府告示228号）10条2項に定める範囲に含まれ、別個に考えられるものではないが、広域火葬

を実施するといった特段の事情がある場合には、必要に応じて特別基準を設定することも考えられるため(「災害救助事務取扱要領」第4、11(5)エ参照)、被災自治体においては積極的に国(内閣総理大臣)と協議すべきであろう(東日本大震災発生時の取扱いに関し、「災害救助法における埋葬について(通知)」(平成23年4月6日健衛発0406第1号・社援総発第1号厚生労働省健康局生活衛生課長・社会・援護局総務課長通知)参照)。

遺体の埋葬は、発災日から10日以内に完了させるのが原則である(一般基準(平成25年内閣府告示228号)10条4号)。

ただし、東日本大震災では災救法の弾力運用に関する通知により、「当分の間、実施して差し支えない」とされた(「東日本大震災に係る災害救助法の弾力運用について(その7)」(平成23年5月6日社援総発0506第1号厚生労働省社会・援護局総務課長通知)1(2)参照)。

この点については、遺族感情や公衆衛生上の観点から、速やかに実施されるべき事項ではあるが、大規模災害のように相当多数の死者が出ると予想される災害の発生時においては、現実的な観点から、上記と同様の運用がなされることになろう。

### (4) 広域火葬

大規模災害が発生した場合、相当多数の死者が発生し、それに伴って遺体の火葬の需要が急激に高まることが予想される。ただ、大規模災害の被災地域は広範囲にわたり、各自治体の火葬場の火葬能力では対応が困難又は長期化する可能性がある(「舩木ほか・遺体の処置等研究」461頁以下参照)。

ここに、市町村又は都道府県の行政区域を超えた連携の必要性が生じ、厚生労働省からは、**広域火葬計画**の策定という形で体制整備を行うよう複数回にわたって通知が出されている(近年のものとして、「広域火葬計画の策定の推進について(通知)」(平成27年3月6日健衛発0306第2号厚生労働省健康局生活衛生課長通知、以下「厚労省平成27年通知」という)参照)。

厚労省平成27年通知によれば、2014(平成26)年11月現在で、広域火葬計画が策定されているのは47都道府県中29都道府県にとど

まっていたが、マスコミ報道によれば、2018（平成30）年3月時点で、37都道府県にまで増加しているようである。

　遺族感情や公衆衛生上の観点からすれば、遺体の埋葬は、一般基準（平成25年内閣府告示228号）の発災日から10日以内は難しいとしても、それに近いレベルでの対応が望ましく、そのためには広域火葬計画の策定が欠かせないと思われる。

　現時点で広域火葬計画を策定していない自治体は、早急にこれを策定し、大規模災害発生時には、当該計画に従って、速やかに遺体の埋火葬を実施すべきであろう（この点に関する事前準備については、第1章8「広域火葬への備え」参照）。

# 1 被災者に対する金銭的支援

## (1) 応急から復旧へ

前章までに取り上げた初動・応急時における自治体の対応によって、最低限の衣・食・住を確保し、不幸にも犠牲になった家族や親族等の埋火葬を終えた被災者の多くは、復旧へと歩みを進めることになる。

その第一歩は、様々な形で傷ついた被災者の生活を再建することにあり、自治体としては、この点にフォーカスした支援を実施する必要がある。

この段階における被災者の喫緊の課題は、生活再建に当たって必要な資金の確保である。

かなりの割合の被災者について、災害によって人的又は物的に想定外の損害を受けたにもかかわらず、当該損害を十分に回復するだけの資金を保有していないという事態が想定される。

よって、自治体は、被災者に対する金銭的支援に目を向けなければならない。

そこで、まず、金銭的支援のうちでも特に重要性が高いと考えられる被災者生活再建支援金及び災害弔慰金について述べることとし、次いで義援金、生活保護、税金の減免等も含め、その他の金銭的支援について述べる。

## (2) 被災者の金銭面での法的ニーズ

### ①災害時の被災者の金銭面のリーガル・ニーズ

第1章コラム2「弁護士による法律相談の機能と被災者のリーガル・ニーズ」(31頁)で東日本大震災と熊本地震の被災地のリーガル・ニーズをグラフで示したが、そこでも明らかになったように、「住まいや収入がなくなり、今後どうしていけばよいのか全くわからない。途方に暮れている」「今後は生活するお金にも困ってくることが確実だが、公的な支援や援助は何かないのか」という声は、大規模災害においては、いかなる種類の災害でも、いかなる地域においても、被災者にとって必ずでてくる悩みの声となっている(コラム2図1-1中の「12 震災関連

法令」図1-2中の「12　公的支援・行政認定等」の項目)。すなわち、被災者の生活の再建に向けた金銭面や支払面を支援する制度の情報提供が不可欠になる。

　この傾向は、広域の大規模災害だけではなく、局地的大規模災害でも同様である。図4-1は2014（平成26）年に広島市で発生した豪雨による土砂災害（**広島土砂災害**）において、発災後約1年のうちに広島弁護士会がとりまとめた250件の被災地のリーガル・ニーズの傾向である。

　土砂災害事例であることから、「1不動産所有権」（行政へのがれき撤去の要望や滅失した建物の登記などに関する相談）、「6工作物責任・相隣関係」（近隣同士での流入土砂の撤去や損害賠償紛争）が突出して多くなっているが、一方で「12災害関連法令」もまた東日本大震災や熊本地震同様に高い割合を示していることがわかる。

### ②被災者支援に関する各種制度の情報提供

　被災者にとって支援を求める重要な行先は住んでいる地域の市役所等である。自治体には、被災者の生活の再建や紛争解決を求める声に応えるべく、情報の整理・提供を行う責務も存在している。また、かかる業務は、特定の部署の特定の業務として区分けできるものではない。

　あらゆる部署におけるすべての職員が、最低限の知識を、被災者目線（住民目線）で知っておかなければ、被災者を門前払いや過度のたらいまわしにあわせてしまうおそれがある。

　自治体職員は、制度の存在を把握し、適切な窓口へコーディネートする役割を担うことが望まれる。

　まず、平常時から確実に学んでおく必要があるのは内閣府（防災担当）がまとめてウェブサイトにPDFファイルとして掲載している「**被災者支援に関する各種制度の概要**」である。

　主として法律を根拠とする被災者支援制度が網羅的に列挙されており、災害復興支援や被災者支援に関わる者は、行政職員であるかどうかを問わず、一度は通読しておくことが求められる。

　ただし、実際に災害が起きてしまった場合には、却って情報量が多

■図4-1 広島土砂災害（全体）のリーガル・ニーズの内容

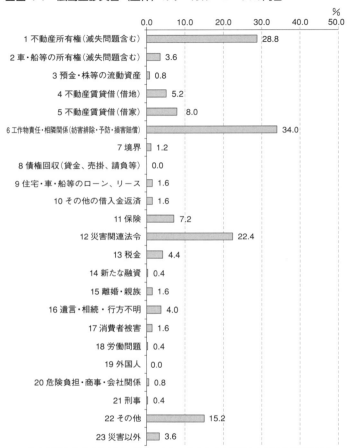

※広島弁護士会「平成26年（2014年）8月広島市豪雨災害無料法律相談情報分析結果（第1次分析）」（2015年8月）より抜粋。
※相談受付日は2014年8月から2015年5月まで。各法律相談割合の分母はそれぞれ250件。250件のうち、相談者の住所の構成比は、広島市安佐南区が76件、広島市安佐北区が73件、広島市それ以外の区（不明を含む）が11件、広島県内の広島市以外の自治体が6件、広島県以外が2件、不明・無回答が82件である。

すぎて、被災者にそのままこの情報を伝えたり紹介したりするのには不向きである。

そのような場合には、内閣府や都道府県のレベルで、大規模災害から数日から1週間程度経過したのちに、被災者支援制度の一覧表がアップロードされていないかをチェックすることをお勧めしたい。災害ごとに国も支援政策を簡潔にまとめて自治体が参照しやすい形式にする場合がある。

ただし、これらの情報は、災害直後には作成されず、被災者の声に応えるには、ややタイムラグがある。そのため、災害直後から不安で絶望に陥っている被災者の支援に直ちに役立てることは難しい。

そこで、被災者生活再建支援に関わる制度について専門的な知識を有する者と連携し、情報提供支援や相談支援をいち早く避難所等で行うことが不可欠であり、かつ効果的である。

具体的には、都道府県の弁護士会や日本弁護士連合会が実施する無料法律相談・情報提供活動と連携し、弁護士に避難所の巡回機会や相談場所を提供することにより、被災者の声に応えてもらうのである。

事前に弁護士や専門士業が災害協定を結んでいる場合には、それをフル活用することで実現できる。

また、そうでなくてもボランティアセンターや都道府県レベルの連携を弁護士会は行うことができるので、相談活動を実施するよう要請することは十分期待できる（第1章10「災害協定（災害時応援協定）」参照）。

### ③被災者支援につながる災害法制

ここでは、被災者支援につながる災害法制のうち、過去の大規模災害における被災者支援の経験から特に重要なものを列挙し、一部については後節でさらに詳しく説明する。

#### ■罹災証明書

自治体が被災者の申請により家屋の被害状況の調査を行い、被害状況に応じて「全壊」「大規模半壊」「中規模半壊」「半壊」「準半壊」「一部損壊」などを認定し証明するもの。多くの被災者支援制度の起点になる証明書であり、事前にその知識を持っていることが非常に重要となる。再認定を申請することもできるので、住宅が解体される前に写真撮影をしておくことが有用。

### ■被災者生活再建支援金

住宅に著しい被害を受けた場合に世帯に支給される支援金。基礎支援金（最大100万円）と加算支援金を合計すると最大300万円の現金給付支援を受けることができる。災害直後の困難な時期においてはとても頼りになる給付金であり、制度の存在をあらかじめ知っておくことが必要。

### ■災害弔慰金・災害障害見舞金

災害により死亡した方のご遺族に対して「災害弔慰金」（ご遺族の所得に応じて500万円又は250万円）が支給される。また、災害により精神又は身体に著しい障害を受けた方には「災害障害見舞金」（所得に応じて250万円又は125万円）が支給される。災害で直接亡くなった方だけではなく、災害の影響で亡くなったと認定された方（災害関連死）にも支払われる。

### ■自然災害被災者債務整理ガイドライン

災救法が適用された自然災害によって個人の住宅・事業・車などのローンが支払えなくなった場合に、一定の条件を満たすことでローンの減免をすることができる制度。破産などの法的手続によらず、手元に相当程度の財産を残して支払えない部分のローンを減免できることから、生活再建にとって極めて重要な制度。運用上、収入による制限もあるため、まずは適用の可否を専門家や金融機関に相談することが重要。

### ■各種支払減免や契約照会

大規模な災害があると、所得税、固定資産税、社会保険料、水道光熱費ほか公共料金、携帯電話料金、保険料、共済掛金などの減免措置や支払猶予措置を受けられる場合がある。罹災証明書の提出が要件となっている場合もある。自治体や契約している会社のウェブサイトをチェックしたり、問い合わせたりすることが必要。また、損害保険契約、生命保険契約などは、契約会社が不明な場合でも、被災者は各協会に契約照会ができるようになっている。

### ■住宅の応急修理制度

災救法の適用により、大規模半壊、中規模半壊、半壊、半壊に準ずる程度の被害（準半壊）を受けた住宅の応急修理制度が利用できる。2019（令和元）年10月23日現在では、一世帯につき半壊以上は60万円弱、準半壊は30万円の支援がある。

所得要件や修繕の範囲、制度利用の可否を自治体に確認すること。

### (3) 被災者生活再建支援金

支援法の制定当時（1998（平成10）年）、同法には支援金の使途制限や支給対象となる被災者の所得・年齢制限が存在していた。

その後、2004（平成16）年改正により、これまで住宅の取壊しがなされる場合に限られていた支援が補修に対しても拡大されるなどの措置がとられた。

さらに、2007（平成19）年改正により、支援金を住宅の被害程度と再建方法に応じて定額、渡し切りとし、使途・所得・年齢制限についてはいずれも撤廃された。

そして、2020（令和2）年改正により、支援金の支給対象世帯が拡大され、後述の「**中規模半壊世帯**」が追加された。

発動要件は、住宅の被災が、一定規模の被害を伴う自然災害（災救法施行令1条1項1号又は2号に該当する被害が発生した場合など）に起因することである（支援法2条2号、同法施行令1条）。

適用世帯には、住宅が全壊した世帯のほか、半壊等により住宅を解体した世帯や、住宅が半壊し、大規模な補修を行わなければ居住することが困難な世帯などが含まれる（支援法2条2号）。

なお、2020（令和2）年改正では、これまで適用世帯に含まれていなかった半壊世帯のうち、大規模半壊世帯に至らないが相当程度の補修を要する世帯（中規模半壊世帯）が適用世帯に追加された（支援法2条2号ホ）。中規模半壊世帯の具体的な要件その他運用に関する詳細については、「**被災者生活再建支援法の一部を改正する法律の施行について**」（令和2年12月4日付府政防1746号内閣府政策統括官（防災担当）通知）を参照されたい。

支給額は、被害の程度によって支給される「**基礎支援金**」と、住宅の再建方法によって支給される「**加算支援金**」を合わせて最高300万円である（支援法3条）。

申請期間は、基礎支援金が発災日から13か月以内、加算支援金が37か月以内となっている（支援法施行令4条1項、2項）。

財源は、都道府県の相互扶助による基金により賄われており（支援法

4条、6条、9条)、国の補助率は2分の1となっている（支援法18条)。

ただし、東日本大震災においては、申請期間は延長されており（支援法施行令4条4項)、国の補助率も5分の4に引き上げられている（東日本大震災に対処するための特別の財政援助及び助成に関する法律5条の2)。

自治体としては、大規模災害が発生した場合においても、同様の措置を念頭に置いておくことになろう。

### (4) 災害弔慰金（総論）

**災害弔慰金**は、弔慰金法に基づいて支給されるものである。弔慰金法では他に**災害障害見舞金**（以下「障害見舞金」という）及び**災害援護資金**（以下「援護資金」という）の支給についても定めているので、本項で併せて取り上げることとする（以下、災害弔慰金、障害見舞金及び援護資金を合わせて「弔慰金等」という)。

弔慰金等の支給は、いずれも一つの市区町村内で5世帯以上の住居が滅失した場合など、一定規模の被害を伴う自然災害であることが発動要件とされている（災害弔慰金及び障害見舞金について、弔慰金法3条1項、8条1項、同法施行令1条1項、「災害弔慰金の支給が行われる災害の範囲等」（平成25年10月1日内閣府告示第230号）1号、2号、援護資金について、弔慰金法10条1項、同法施行令3条)。

また、災害弔慰金と障害見舞金の費用負担については、国が2分の1、都道府県が4分の1、市区町村が4分の1であり（弔慰金法3条1項、7条、9条)、援護資金の貸付原資負担については、国が3分の2、都道府県と指定都市が3分の1となっている（弔慰金法11条、12条)。

以下、災害弔慰金、障害見舞金、援護資金の順にその制度概要を述べる。

#### ①災害弔慰金

災害弔慰金とは、自然災害により死亡した住民の遺族に対し、市町村（特別区を含む。以下同じ）が条例の定めによって支給する金員である（弔慰金法3条1項)。

支給対象者は、当初、死亡した被災者の配偶者（事実婚による者を含み、事実上離婚している者を除く)、子、父母、孫及び祖父母とされてい

たが、東日本大震災後の改正により、同居又は同一生計の兄弟姉妹も含まれることとなった（弔慰金法3条2項）。

なお、法改正に至った経緯については、岡本正『災害復興法学』慶應義塾大学出版会（2014年）98頁以下に詳しい。

支給額は、死亡した被災者が生計維持者であった場合は500万円、それ以外の場合は250万円である（弔慰金法3条3項、同法施行令1条の2）。

### ②災害障害見舞金

障害見舞金とは、自然災害により精神又は身体に重度の障害を受けた者に対し、市町村が条例の定めによって支給する金員である（弔慰金法8条1項）。支給の対象となる障害は、両眼の失明や精神に著しい障害を残し、常に介護を要する場合など一定の重度障害である（弔慰金法8条1項、別表）。

支給額は、当該障害者が生計維持者である場合は250万円、それ以外の場合は125万円である（弔慰金法8条2項、同法施行令2条の2）。

### ③災害援護資金

援護資金とは、自然災害により世帯主が負傷した場合又は住居や家財に被害を受けた場合に、当該世帯の生活の立て直しに資するため、市町村が条例の定めによって貸し付ける金員である（弔慰金法10条1項）。

貸付けの対象となるのは、世帯主がおおむね1か月以上の療養を要する負傷をしたときや、住居又は家財の被害があって、被害額が当該住居又は家財の価額のおおむね3分の1以上であるときである（弔慰金法10条1項、同法施行令6条）。

ただし、一定の所得制限が存する（弔慰金法10条1項、同法施行令4条、5条）。

償還期間は10年、金利は、据置期間中（原則3年）は無利息、それ以降は「年利3％以内の条例で定める率」である（弔慰金法10条3項、4項、同法施行令7条2項）。

貸付限度額は、一災害一世帯当たり350万円までであり、被害の種類や程度によって定められている（弔慰金法10条2項、同法施行令7条1項）。

市町村は、貸付けを受けた者が、災害、盗難、疾病、負傷その他市町

村がやむを得ないと認める事情により償還が著しく困難になったと認められるときは、原則として償還を猶予することができ（弔慰金法13条1項、同法施行令12条）、また、死亡や精神又は身体の著しい障害により償還ができなくなったと認められるとき、又は破産手続開始の決定若しくは再生手続開始の決定を受けたときは、原則として償還を免除することができる（弔慰金法14条1項）。

市町村は、償還の猶予や免除の判断をするために必要があると認めるときは、貸付けを受けた者又はその保証人の収入又は資産の状況について、貸付けを受けた者若しくはその保証人に報告を求め、又は官公署に対し必要な文書の閲覧若しくは資料の提供を求めることができる（弔慰金法16条）。

市町村が償還を免除した場合、貸付原資を負担した国や都道府県は、当該市町村に対する貸付金を免除することになっているため（弔慰金法14条2項、3項）、償還の免除によって市町村に財政負担が生じるわけではない。

ちなみに、内閣府は、阪神・淡路大震災の際に貸付けが行われた災害援護資金について、大阪府や兵庫県等に対し、償還免除の対象となりうる者をまとめた通知を行っている（「阪神・淡路大震災の際に貸付けが行われた災害援護資金に係る国庫負担金の取扱いについて」（平成27年4月22日府政防第338号内閣府政策統括官（防災担当）通知）参照）。

当該通知は、上記の弔慰金法に基づく免除のほか、地方自治法施行令171条の7第1項、2項に基づく免除及び国の債権の管理等に関する法律32条1項、2項に基づく免除をセットで行うことが可能であることを示したもので、一部報道に見られたような免除対象者の「拡大」とは若干意味合いが異なる点には留意が必要である。

### (5) 災害弔慰金（審査・認定・金額判定）

#### ①災害弔慰金支給審査委員会の設置

弔慰金法は、「災害により死亡した者の遺族」に災害弔慰金を支給するとしている。災害「により」とは、災害と死亡との間に「因果関係」（相当因果関係）がある場合を指す。

すなわち、災害で直接死亡した場合だけではなく、災害の影響で亡く

なったと評価できる「**災害関連死**」であっても支給対象となる。相当因果関係があるかどうかを判断する作業は、事実認定をした上で行う「法的評価」であり、最終的には裁判所で裁判官によって判断されるような規範ということになる。

内閣府は災害関連死を「当該災害による負傷の悪化又は避難生活等における身体的負担により死亡し、災害弔慰金の支給等に関する法律に基づき災害が原因で死亡したものと認められたもの」であるとしているが（「災害関連死の定義について」2019年4月3日事務連絡）、自治体による災害弔慰金支給の認定の方式を変更したり拘束したりする効力はない。内閣府の定義の形式的文言に拘泥することなく適切に災害関連死の認定を行うよう留意すべきである。

災害関連死の場合に、市町村の職員が直接この相当因果関係の有無を判断することは、ノウハウや人的資源からいっても現実的ではない。

そこで、多くは5〜7名の専門家で構成される「**災害弔慰金支給審査委員会**」（以下「**審査委員会**」という）をつくり、災害関連死の該当性（相当因果関係の有無）を諮問する取扱いとしている。したがって、審査委員会の設置については「相当因果関係の有無」を判断するのにふさわしい人選を行う必要がある。

審査委員会には弁護士が不可欠である。弁護士の人数は3人が望ましい。地元弁護士会などに推薦を依頼することで人員の確保は比較的容易であろう。また複数の市町村で委員を兼任してもらうなどすれば、人材にも困ることはない。

国が過去に示した例では、医師、弁護士、福祉の専門家、行政職員OBなどが審査委員会のメンバー候補に挙げられており、5名から7名というのが多いようである。

しかし、医師や福祉の専門家などは、専門的な医学鑑定や福祉健康に関する意見を述べることはできても「相当因果関係の有無」という法的評価に精通しているわけではないので、審査会における役割分担を考えると、弁護士が中心になることが望ましい（日本弁護士連合会「震災関連死の審査に関する意見書」（2013年9月13日））。

### ②不支給決定の理由を十分に記述する

自治体は、災害弔慰金の支給の申請を行った遺族に対して「不支給」の決定をする場合には、判断の基礎となった具体的な事実関係を示すなどして、結論に至る過程を具体的に理由として記載した通知書を交付すべきである。

なお、理由を十分に記載するためには、因果関係がないということを明確にする必要があるので法的な評価に精通したものが関与する必要があり、そのためにも弁護士の関与は不可欠である。

災害弔慰金の支給申請に対して不支給の決定をすることは、行手法7条の申請に対する応答である。

そして、応答である処分をする場合には行手法8条1項本文において、申請者に対し、同時に、当該処分の理由を示さなければならないとされている。この処分を書面でするときは、その理由は書面により示さなければならない（行手法8条2項）。

各地方公共団体の行政手続条例は行手法に準拠しているから、災害弔慰金の不支給決定についても同様に行わなければならないのである。

残念なことであるが、東日本大震災、熊本地震をはじめとする災害において、例えば「地震による因果関係が認められない」「審査会に委託、諮問し、災害と死亡者の死亡には関連性が無いとの結論に至ったため」といった抽象的な理由のみを記載し、具体的な事実関係に触れないで、決定主体としての判断過程を明らかにしないという、無責任な内容で結果を通知する市町村も見受けられる（日弁連「災害弔慰金支給申請に対する結果通知の運用に関する意見書」（2017年3月16日））。

熊本地震の際には、熊本市災害弔慰金支給審査委員会が行った不支給決定に関して行政不服審査の申し立てがあった。その結果、熊本広域行政不服審査会は、熊本市が処分に十分な理由を付さなかったことは違法であると指摘するに至っている。

### ③審査委員会は市町村が自ら独自に設置する

災害弔慰金支給審査委員会は市町村が独自に設置すべきである。また、どうしても自力で設置する事務負担ができない場合は、複数自治体で共

同設置するなどの工夫をしてもよい。ただし、大きな自治体に委託する、県で設置する審査委員会に委託する、という判断をすることは推奨されない。

広域災害が発生した場合、同じ県内であっても、市町村によって被害態様は全く異なる。局地的な災害であればなおさらであろう。市町村によって医療サービスや福祉サービスの状況も異なり、避難所の設置状況や仮設住宅の状況も大きく差が出る。

災害関連死を認定する、すなわち「相当因果関係の有無」を判断するためには、単に医学的な死因が鑑定でどうなるかというだけではなく、地域別の特性を考慮する必要性が極めて大きい。

したがって、できる限り現場に近い市町村が自ら審査委員会を設置し、市民の申請に応答すべきである。これは被災者遺族の納得の観点からも極めて重要な要素である。

なお、東日本大震災や熊本地震では、県が設置した審査委員会へ委託する自治体も相当数に上ったが、実態は、現場の市町村の担当者が事前調査などをしたり、県の審査委員会から追加資料調査などを依頼されるなどしているため、現場の負担は劇的に軽減されるということはないという報告がある（宮本ともみ「災害関連死問題に対応するための課題」松岡勝実ほか『災害復興の法と法曹―未来への政策的課題』成文堂（2016年）第2章）。

委託先が十分な理由を示せなかったり、納得のいく判断をできなかったりした場合の、行政不服審査や行政訴訟の被告となる負担は、あくまで市町村にはねかえる。これを考えると、やはり市町村が自ら審査委員会を設置するほうが住民にとっても好ましいといえる。

一人の人間の死亡については、真摯に独自に向き合い、丁寧な理由を付すことで、トータルの負担を軽減し、かつ地元の納得を得られやすく、紛争防止につながる。市町村同士で人材を融通すれば、弁護士や医師が足りなくなるという事態は生じないだろう。

### ④災害弔慰金の支給額の判定について

災害弔慰金の支給額は「500万円」か「250万円」である。判断

基準は、亡くなった方が、家族の中で「主として生計を維持」していたかどうか、で判断する。

どういう場合に主として生計を維持していたかどうかは「世帯の生活実態を考慮し、収入額の比較を行うなどにより市町村において状況を確認し、死亡者が死亡当時において、その死亡に関し災害弔慰金を受けることができることとなる者の生計を主として維持していた場合か、その他の場合かを判断する」とするのが政府見解である。

遺された遺族が十分な収入を確保できているかどうかを丁寧に見極め、安易に数字だけで災害弔慰金の支給額を「250万円」に切り下げることがないようにすべきである。

なお、熊本地震以前は、受給者に収入がないか、所得税法の控除対象配偶者の所得金額の制限を受ける限度（東日本大震災や熊本地震当時は103万円）以内の場合に限るという、極めて硬直的かつ非現実的な基準が政府見解として示されていた。

しかし、共働き世帯の増加や、収入が100万円程度では生活の維持が不可能であることなどに鑑み、現代社会ではこの基準をそのまま当てはめることはあまりに不合理であるとして、熊本地震後に、前述のとおり解釈の変更がなされているので注意が必要である。

### (6) 義援金

**義援金**は、法律に基づく制度ではなく、任意の寄付（贈与）である。

したがって、被災者に請求権があるわけではなく、また、世帯に配分されるのが通常であり、世帯主に贈与されると考えるのが一般的である。

また、義援金は、拠出者側から見れば、法人税では損金となり、所得税・住民税では寄付金控除の対象となる。

防災基本計画によれば、自治体は、日本赤十字社等の義援金収集団体と義援金配分委員会を組織し、義援金の使用について、十分協議の上、定めるものとされている。

その際、あらかじめ、基本的な配分方法を決定しておくなどして、迅速な配分に努めるものとされ、また、被害が複数の都道府県に亘る広域災害時には、日本赤十字社等義援金収集団体は、寄託された義援金を速やかに地方公共団体に配分すべきであ

ることから、義援金の受付方法の工夫や配分基準をあらかじめ定めておくものとされている。

日本赤十字社防災業務計画には、日本赤十字社の災害救護業務として、医療救護や救援物資の備蓄等と並んで、配分義援金の受付及び分配が明記されている。

義援金の配分方法は、自治体に設置される上記義援金配分委員会によって決められている。

なお、2021年6月に成立した「**自然災害義援金に係る差押禁止等に関する法律**」により自然災害の義援金については、災害の大小を問わず、差押禁止財産となった。

## (7) 生活保護

### ①収入認定

生活保護における他法他施策の活用の原則（生活保護法4条2項）により、義援金等に基づいて受領した金銭が収入として認定され、結果として生活保護を受けられないという事態が考えられる。

実際、東日本大震災の際には、このような考え方によって生活保護の打切りがなされるケースが相当数に上ったようである（山崎栄一『自然災害と被災者支援』（以下「山崎・被災者支援」という）日本評論社（2013年）78頁参照）。

しかし、住家や家財道具などを失った被災者の多くは、生活の基盤から復旧を行う必要がある。それにもかかわらず、義援金等の一時的収入で当面の生活が可能であるからといって、生きていく上での土台が回復しないままでは、真の意味での復旧は図れないであろう。

この点を勘案し、東日本大震災による被災者の生活保護の取扱いについて、「義援金等の生活保護制度上の収入認定の取扱いは、「生活保護法による保護の実施要領について」（昭和36年4月1日厚生省発社第123号厚生事務次官通知（著者注：同通知を本項では「生活保護実施要領通知」という））第8の3の(3)のオに従い、『当該被保護世帯の自立更生のために当てられる額』を収入として認定しないこととし、その超える額を収入として認定すること」とする通知が発せられた（「東日本大震災による被災者の生活保護の取扱いについて（その3）」（平成23年5月2日社援保発0502第2号厚生労働省社会・援護局保護課長通知）

参照）。

同通知では、かかる考え方に基づいて、**自立更生計画**（「生活保護法による保護の実施要領について」（昭和38年4月1日社発第246号厚生省社会局長通知）第8の2の(5)参照）の策定について、費目・金額を積み上げずに包括的に一定額を自立更生に充てられるものとして計上して差し支えないとか、直ちに自立更生のための用途に供されるものでなくても、実施機関が必要と認めた場合は、預託することなく計上して差し支えないといったように、柔軟な対応を認めた上で、被災者の事情に配慮し、適切な保護の実施に当たるよう求めている。

このような考え方は、東日本大震災だけでなく、ほとんどの大規模災害にも当てはまるといえるであろう。

#### ②資産の活用

生活保護における資産活用の原則（生活保護法4条1項）により、被災者が本来の居住地に資産を残したまま一時的に遠方へ避難している場合、活用可能な資産が残っているという理由で生活保護が受けられないという事態が考えられる。

この点を踏まえ、厚生労働省は、東日本大震災による被災者の生活保護の取扱いについて、被災者が本来の居住地に資産を残さざるを得ない場合等については、被災者の特別な事情に配慮し、生活保護実施要領通知第3の3に掲げる「処分することができないか、又は著しく困難なもの」として取り扱うよう各自治体に通知している（「東北地方太平洋沖地震による被災者の生活保護の取扱いについて」（平成23年3月17日社援保発0317第1号厚生労働省社会・援護局保護課長通知）参照）。

ただし、同通知にもあるとおり、後日の調査で資力が判明したときに、生活保護法63条による費用返還義務を負う場合があることについて、対象者に十分説明しておく必要があるだろう。

#### ③居宅要件

生活保護のうち、生活扶助については、「被保護者の居宅において行うものとする」（生活保護法30条1項）とされていることから、避難所解消後の待機所・旧避難所で生活を続けている被災者や、避難所に避難

せず公園等でテントを張って避難生活をしている被災者（以下「テント村避難者」という）については、当該要件を満たしていないとして生活扶助が受けられないという事態が考えられる。

現に、阪神・淡路大震災の際には、このような被災者に対する生活保護は認められなかったようである（「山崎・被災者支援」72頁参照）。

ただし、テント村避難者については、支援団体とともに保護申請を行い却下、審査請求を経た上で最終的には生活保護の適用対象となったとのことである（「山崎・被災者支援」72頁参照）。

生活保護法にいう居宅要件は、大規模災害に起因して居宅を失い、一時的に避難生活を送らざるを得ない被災者まで想定して定められたものとは思えない。とはいえ、実務を担う自治体として、まずは住宅扶助も視野に入れた総合的な施策により居宅要件に関する法的な疑義を解消できないかを検討すべきであろう。

しかし、居宅要件を問題とせざるを得ない事案であっても、被災者の個別の事情を考慮することなく、テント村避難者だからといった画一的な理由で生活保護の適用除外とするような実務運用は、生存権を定める憲法25条の法意に照らせば、厳に慎むべきであるといえる。

### ④保護実施機関の被災

保護の実施機関が被災によって人的・物的に被害を受け、関連業務に支障が生じると、生活保護制度自体が機能不全に陥るおそれがあるという意味で、この問題は深刻である。

災害時の人手不足の自治体現場で生活保護の申請が急増したときに、平常時と同様の事務処理を求めることは不可能と断言できるとする見解も存するくらいである（鍵屋一「地域防災最前線96―阪神・淡路大震災復興誌を読む(18)―第2部各論第4章福祉(1)」（以下「鍵屋・復興誌を読む(18)」という）地方行政10577号（2015年）12頁参照。なお、同論稿の筆者は、自身が福祉事務所長と福祉部長を通算5年3か月務めた経験があると述べている）。

この問題への対策としては、災害時に生活保護の運用を大きく見直すとか、生活保護以外の給付制度を別途創設するといったものも考えられるが（「鍵屋・復興誌を読む（18）」

12、13頁参照)、給付制度以外の制度の活用も考えられ、その一例として都道府県社会福祉協議会(社会福祉法110条1項)による**生活福祉資金貸付制度**が挙げられる。

当該制度の「**緊急小口資金**」を、生活保護のいわば「つなぎ融資」として活用することは、緊急かつ非常時の施策としては一考に値すると思われる。

実際、厚生労働省は、東日本大震災による被災者について、上記緊急小口資金に関する特例措置を講じ、一定の条件付きながら、貸付対象者の拡大、貸付上限額の引き上げ、据置期間や償還期限の延長といった形でこれを後押ししており(「生活福祉資金貸付(福祉資金[緊急小口資金])の特例について」(平成23年3月11日社援発0311第3号厚生労働省社会・援護局長通知)参照)、この傾向は今後の大規模災害でも同様と思われる。

⑤まとめに代えて

被災者に必要なのは「健康で文化的な最低限度の生活」(憲法25条1項)であって、生活保護はそれを達成するための一つの手段にすぎない。

よって、自治体としては、生活保護法の積極的な活用を図りつつも、それに固執しない柔軟な姿勢で被災者の支援に臨むべきであろう。

### (8) 金銭支給型の支援

行政機関による被災者に対する金銭的支援のうち、特に重要性が高いものとして、大規模災害時に特有のものとして災害弔慰金、被災者生活再建支援金及び義援金、一般的な法制度として生活保護が挙げられるが、その他の支援制度は大きく2つの類型に分けられる。

第1の類型は、各種金銭の給付・貸付けによる支援制度であり、本書ではこの類型に含まれるものを「**金銭支給型支援**」と呼ぶこととする。

金銭支給型支援には、上述の災害弔慰金、被災者生活再建支援金、義援金、生活保護のほか、雇用保険の失業給付から中小企業事業者に対する貸付けに至るまで様々なものが含まれ、「金銭的支援」という場合にまず思い浮かぶ類型といえよう。

このうち、被災者にとって必要性及び関心が高いと思われるのは、当面の生活資金の確保であろう。

そのための代表的な金銭支給型支援として、上述の被災者生活再建支援金（給付）や災害援護資金（貸付け）が挙げられるが、そのほかにも、生活福祉資金制度による貸付け、母子父子寡婦福祉資金貸付金、年金担保貸付、恩給担保貸付などがある。

特に、生活福祉資金制度による貸付けは、低所得世帯、障害者世帯又は高齢者世帯を対象に、緊急かつ一時的に生計の維持が困難となった場合の少額の費用（緊急小口資金、貸付限度額10万円）や災害を受けたことにより臨時に必要となる費用（福祉費（災害援護費）、貸付限度額150万円（目安）。ただし、弔慰金法の災害援護資金の対象となる世帯は適用対象外）の貸付制度であり、被災者にとって、文字どおり当座をしのぐための活用が考えられる。

これらの制度を含め、金銭支給型支援に関する2020（令和2）年11月1日現在の各種制度をまとめたものとして、内閣府「被災者支援に関する各種制度の概要」が参考になる。

## (9) 債務免除・支払免除型の支援

被災者に対する金銭的支援の第2の類型として、各種支払義務の減免・猶予によるものが挙げられ、本書ではこの類型に含まれるものを「**債務免除型支援**」として整理する。

債務免除型支援の例としては、税金や保険料の減免、高校・大学の授業料や各種公共料金の支払の猶予が挙げられる（住宅ローンの免除については、第5章1「自然災害被災者債務整理ガイドライン」参照）。

これらの支援制度について、多くの自治体はすでに関連条例を制定していると思われるが、法的根拠を一覧したい場合は、被災者に対する地方税の減免等の措置をまとめた自治省（当時）の通知が今でも参考になるであろう（「災害被害者に対する地方税の減免措置等について」（平成12年4月1日自治税企第12号自治省事務次官通知）参照）。

債務免除型支援は、金銭支給型支援と異なり、被災者の財産を直接的に増加させるものではない。

しかし、平時においては問題にならなかった各種債務の支払が、被災に起因して家族、財産、職を失うこ

とにより、被災者に重くのしかかってくる場合があることは想像に難くない。このことから、被災者にとって、債務免除型支援は、金銭支給型支援と並んで、場合によってはそれ以上に重要な意味を持つことがあるといえよう。

なお、行政機関による債務免除型支援に関する2020（令和2）年11月1日現在の各種制度をまとめたものとして、上述の内閣府「被災者支援に関する各種制度の概要」が参考になる。

## (10) 民間企業・保険会社等による支援

### ①被災者の契約と支払いに関するニーズ

大規模な災害が起きると、被災者は日常生活を維持する上で不可欠な公共料金の支払いや、様々な契約に基づく支払いに窮したり、月々の支払いが生活を圧迫する実態が起きる。自治体の場合だと水道料金などの支払いは直接の当事者になる場合も多いだろう。

このような場合には、支払免除措置や猶予措置が検討されるが、それは民間企業においても同様である。自治体職員は、被災者の生活再建の達成を考えたとき、日々の生活で少しでも負担を軽減できる知恵がないかについて情報をまとめておく必要がある。

### ②公共料金の支払猶予・減免支援

過去の大規模災害をみても、災救法が適用されるほどの災害になればほぼ確実に、公共インフラサービスを担う企業や団体は、月額料金などについての支払猶予や減免措置を講じてきた。

電気料金、ガス料金、上下水道料金、固定電話料金、携帯電話料金、NHK受信料などが代表例である。災害直後段階から、これらの企業は、ウェブサイトなどに「被災された方へのお知らせ」だったり、「災害救助法適用地域にお住まいの契約者様へ」などの特設ページを設けることが多い。支援内容は災害の規模や企業によってばらつきはあるが、総じて多くの企業が支払猶予措置（月末支払料金の支払期日の延長措置）をとってきているように思われる。東日本大震災、熊本地震、西日本豪雨などの大規模災害では、一定期間の支払免除措置がとられるケースもあ

る。

　また、公共インフラ系のサービスの提供自体は継続している地域でも、被災者が自ら窓口などに申請をすることで、一定期間の支払猶予措置がとられる場合もある。災害直後の時期に支払負担を軽減するためにも、各種企業が行っている支払猶予等の措置には目を配り、情報を整理し、被災者が一見してわかるようにしておくことが求められる。

### ③保険会社の対応

　生命保険会社や損害保険会社は、災害後に保険金の支払いに関する支援のみならず、既存の保険契約の維持のための保険料への配慮に関する被災者支援施策を実施している。生命保険会社は「**生命保険協会**」と一体となり、また損害保険会社は「**日本損害保険協会**」や「**外国損害保険協会**」と一体となり、「保険料の支払猶予」「保険料の一部減免措置」などのサービスを行ってきた実績がある。災害後、どの程度の支援になるかはまちまちであるが、少なくとも一定期間の支払猶予措置は実施されることが多い。生命保険と損害保険の契約がある被災者は、自身の保険会社に素早く問い合わせ、保険金支払いの請求だけではなく、保険料の支払いに関する支援があるかも確認できるとよい。

　なお各種「共済」についても類似の措置がとられることが多い。

### ④保険契約の照会

　生命保険契約や損害保険契約では、契約締結時に保険証券が発行され、これにより契約内容や連絡先が簡単にわかるようになっている。ところが、大規模災害ではこれらの貴重品も失われる事態が起きる。そのような場合でも、契約照会サービスにより、保険会社や契約内容を調べることができる。以下に代表的な照会先を記述しておく。自治体職員としても、これらの情報を知っておき、被災者からの問合せ時に情報提供できることが望ましい。

- ●一般社団法人生命保険協会「生命保険契約照会制度」（2021年7月〜）
- ●一般社団法人日本損害保険協会「自然災害等損保契約照会センター」
- ●一般社団法人外国損害保険協会「自然災害等損保契約照会セン

ター」

## (11) 災害版リバースモーゲージ

### ①リバースモーゲージとは

一般的な「リバースモーゲージ」とは、自宅などの不動産を担保（＝モーゲージ）として、金融機関から借金をするが、一括で満額を借りてその後毎月返済をするのではなく、貸付限度額などを考慮して毎月年金を受け取る形で借金をしていく融資である。年月が経過するごとに借金が増えるので、通常の融資とは逆（＝リバース）ということになる。

通常は、高齢者が現金を調達するための手段として商品化されており、60歳以上で持ち家のある高齢者世帯が、自宅を担保に生活費などを一時金又は年金形式で借りられる貸付制度となっている。元本返済が必要なく、死亡時に一括して自宅不動産を売却するなどして支払うことから、生前の負担が軽減されるメリットがある。一方で、長生きした場合に限度額になってしまうことや、資産の元本割れなどのリスクがある。

### ②災害時に効果的なリバースモーゲージ

災害時のリバースモーゲージとしては、住宅金融支援機構（旧住宅金融公庫）による融資制度がある。具体的には、「災害復興住宅融資（高齢者向け返済特例）」（高齢者向けリバースモーゲージ）と呼ばれる制度である。高齢者向けリバースモーゲージは、熊本地震をきっかけに開発された商品で、一定以上の被災をした世帯で、申込時に60歳以上の被災者を対象にした融資である。詳細は、住宅金融支援機構や金融機関の窓口に問い合わせて情報収集をしておく必要がある。

融資制度の概要は、

ア　既存の自宅や敷地、新しく再建・購入する自宅等を担保にして融資を受ける

イ　返済は毎月の利子のみでよい

ウ　元金返済方法は、申込者が亡くなった時に遺族らが一括返済するか、担保を売却して支払うか、存命中に元金も返済するなどを選択する。生前に完済できなかった場合で、不動産売却額が残債務より少なくても、不足分について相続人へ請求されない

# ■図 4-2　熊本県による「リバースモーゲージ型融資」の説明概要

## 県の助成について

熊本県が推奨する「くまもと型復興住宅」（1,300万円）を建設する場合

建設費
約 1,300 万円
（税、付帯設備
などを含む）

→ 約 450 万円
（支援金や義援金など自己資金）

→ 約 850 万円
（高齢者向け新型住宅ローン）

※850万円借入れの場合、約93万円の助成があります。
※助成額は、借入額：850万円、利率0.24%、20年を乗じて算出します。
※住宅金融支援機構、災害復興住宅融資の利率0.24%（R1.10.1時点）で算定。

## 融資限度額について

建物の建設費（購入費）の6割＋土地の評価額の6割

例えば…1,300万円の住宅を自分の土地（評価額100万円）に建設する場合

1,300万円 ×60% ＋ 100万円 ×60% ≒ 約850万円 融資可能

※熊本県「高齢者向け新型住宅ローンリバースモーゲージ型融資のご案内」パンフレットをもとに概要を再構成。

というものである。住宅金融支援機構の場合、毎月の支払いが利子のみとなる。概算であるが、例えば、修繕費用を一括の一時金として受け取った場合で、その金額が500万円程度なら、毎月の利息支払いは数千円程度で済むこともある。

### ③熊本地震における実績と啓発

熊本地震では、住宅金融支援機構による被災した高齢者向けのリバースモーゲージと、県による助成制度を組み合わせて、通常では融資が難しい高齢者への支援を積極的に行っている（図4-2）。特に県の高齢者支援部局が積極的な啓発を実施していることも特徴である。災害後に自治体から住民へ効果的な金融制度を紹介している実績は、大いに参考になる。

---

### コラム8　弔慰金等支給の発動要件

　災害弔慰金等及び被災者生活再建支援金の支給は、いずれも一定規模の被害を伴う自然災害であることが発動要件となっている。

　ただ、この点については、弔慰金法の制度は、被災者個々人に向けられたものであり、天災により被害が生じた場合は、災害規模のいかんにかかわらず適用されるべきとする見解があり（阿部泰隆『大震災の法と政策』日本評論社（1995年）203頁参照）、かなりの説得力を有するため自治体にとっての課題となっている。なお、同様の議論は支援法にも当てはまるであろう。

　かかる課題に対処するため、独自の施策を実施している自治体もある。

　例えば大分県においては、大分県災害被災者住宅再建支援事業として、震度4以上の地震を観測した場合など一定の自然災害について1件でも被害が生じれば支援法と同様の支援が実施されることになっている（大分県ウェブサイト「大分県災害被災者住宅再建支援制度について」参照）。

　2018年度時点において、各県が講じている類似の施策（条例）につ

> いては、内閣府ウェブサイト「都道府県独自支援制度」を参照されたい。

## コラム9 情報が伝わらないメカニズムを克服する「官民連携の情報伝達支援」

（1）情報は発信するだけ・公表するだけでは伝わらない

災害発生直後は、各府省庁から所管する法律や制度に関する通知・事務連絡が数多く発信される。図4-3は、大規模災害発生時において、被災者・被災事業者の再建に資する法律や制度の情報が伝達されていく様子を示している。結論から言えば、「情報が伝わらないメカニズム」が存在している。あまりに大量の情報は、行政機関内ですら捌ききることができず、結果として最も情報を必要としている窓口や被災者に伝わらないのである。

図の中央にある「行政支援・復興制度情報」は、災害発生後、法律を所管する国の部局（多くは「課」の単位）が、災害対応のための特例措置や法律の解釈運用などに関する通知類を発信する様子を示している。いわゆる「事務連絡」（地方自治法245条の4第1項などによる技術的助言）や「お知らせ」の形をとるものである。これらは、国から県・政令市に通知され、そこから基礎自治体や業界団体などに伝達されるというプロセスを踏む。業界がまとまっている場合は、直接業界団体などに通知され、各企業へ伝えられるケースもある。

ところが、災害が大きければ大きいほど、発信される情報は極めて膨大になる。正確な数すら把握できないが、東日本大震災後の通知やお知らせの数は、2011（平成23）年3月から8月までの間で1,500件以上にもなったといわれている。この結果、情報が県レベルで停滞したり、正確な説明もないまま送付されるだけになったりする。受け手側の自治体窓口でも情報を処理しきれず、同時に被災者住民らにも伝達することができないのである。仮に情報自体は物理的に窓口まで届いていても、

■図 4-3　情報が伝わらないメカニズムと情報の伝達・フィードバック

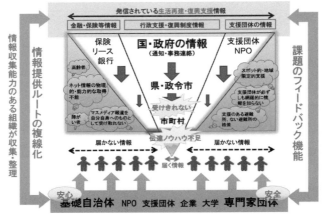

※岡本正『災害復興法学』慶應義塾大学出版会（2014年）221頁より

初めて扱う制度や法律について、住民向けに正確に説明するだけのノウハウやマンパワーもないということもしばしばである。

　図の左側は、金融機関やインフラ企業など、被災者とのかかわりが特に大きい民間企業からの発信情報を示している。契約者であれば、企業側から支援の手が差し伸べられると考えられがちだが、実際は被災者自ら行動しなければ支援にたどり着かないことが多い。例えば、「自然災害被災者債務整理ガイドライン」（第5章1）などは、仮に金融機関の窓口で相談をしていても、被災者自らが積極的に制度利用を申請しない限り、支援が開始されないなど、必ずしも被災者に伝わっていないケースが多い。

　図の右側は、国や企業の間隙を埋めるとされている、NPO、専門家、有志らによる支援行動である。ところが、支援団体側も、必ずしも「生活再建」や「事業再生」など、法律的な制度を背景にしている被災者支援を熟知していないことがある。被災者が何らかの支援につながっているからといって、生活再建支援の制度利用にまでつながっているわけではないのである。

ここでの教訓は、チラシや冊子を「配布するだけ」「設置するだけ」「掲示するだけ」では情報は伝わらないということである。また、メディアを利用して「発信するだけ」「公表するだけ」でも、やはり被災者には届かないことが多いということである。
　(2) 官民連携により「必要な情報を必要なところへ」伝える
　政府などから大量に発信される被災者にとって有益な「希望の情報」は、その情報が多いがゆえに、却って滞留し、被災者に伝わらないというジレンマがある。これを克服するのが、いわゆる「官民連携」の情報提供・情報整理支援である。支援の根拠は法律やそれに準じた制度である。法制度の専門家と協働し、被災者への直接の情報提供支援活動が行われる必要がある。
　弁護士は、東日本大震災、熊本地震、西日本豪雨、令和元年の豪雨・台風被害、令和2年7月豪雨などの災害発生直後から、日本弁護士連合会や地元弁護士会と連携して、被災者への無料法律相談活動・情報提供活動を展開してきている。この傾向は日弁連の災害復興支援委員会によってノウハウが蓄積されているため、近年極めてスピーディーに体制整備やノウハウ共有を果たすことができている。有益な情報は、少なくとも国が発信し、県レベルでは確実に受領しているものであるから、これらの情報を整理し、分析し、わかりやすく加工して伝えればよい。その役割を担うのが、弁護士の無料法律相談活動・情報提供活動ということになる。
　近年、多くの自治体が、地元弁護士会や弁護士会を中心とした専門士業連携団体と「災害時相談協定」などを締結している。その結果、災害発生時には、行政機関の手引きで避難所へ弁護士ら専門家が派遣されたり（相談ブース設置等）、行政機関による無料法律相談会場の手配や告知、被災者見守り支援活動の事業委託などを実施する例が常態化している。まさに「官民連携のオールジャパン」で被災者へ必要な情報を届け、被災者が適切に支援を受けることができるようなサポート体制が構築されつつある。自治体側は、専門家と上手に連携することで、初期の段階か

ら被災者の不安や不満を和らげ、かつ被災者支援を加速することができるのである。

## 2 災害廃棄物処理

### (1) 復興の基盤としての災害廃棄物処理

被災地のあちらこちらにがれきの山が残っている状況は、被災者や自治体が復興に向けた活動をする際の大きな妨げになると考えられる。

その意味で、かかる状況の解消は、被災者が災害からの復旧を経て復興へと踏み出す前提であって、復旧の総仕上げともいいうるだろう。

そこで本項では、災害廃棄物（以下「災廃物」という）を取り上げることとする。

### (2) 災害廃棄物の処理主体

災廃物は、事業活動に伴って生じた廃棄物（産業廃棄物）ではないから、**一般廃棄物**として、市町村の責任によって処理される（廃掃法2条2項、4項、6条、6条の2）（第189回国会衆議院環境委員会第9号（平成27年6月2日）における鎌形浩史政府参考人（環境省大臣官房廃棄物・リサイクル対策部長）答弁参照）。

ただし、市町村が、被災によって災廃物の処理を行うことができない場合、地方自治法252条の14に基づいて、都道府県にその事務を委託することができるとされている（総務省「東日本大震災への対応に係るQ&A（地方行財政関係）」（以下「総務省Q&A」という）（平成23年6月10日）11頁参照）。

かかる法形式によるか否かはともかく、実務上は、市町村と都道府県が連携しながら災廃物への対応を行うことになろう。

### (3) 災害廃棄物の処理対象

災廃物には、住民が自宅内にある被災したものを片付ける際に排出される片付けごみと、損壊家屋の撤去（必要に応じて解体）等に伴い排出される廃棄物がある。

災廃物は以下の①から⑫で構成される。

①可燃物/可燃系混合物：繊維類、紙、木くず、プラスチック等が混在した可燃系廃棄物

②木くず：柱・はり・壁材などの廃木材

③畳・布団：被災家屋から排出される畳・布団であり、被害を受け使用できなくなったもの

④不燃物/不燃系混合物：分別することができない細かなコンクリートや木くず、プラスチック、ガラス、土砂（土砂崩れにより崩壊した土砂、津波堆積物（海底の土砂やヘドロが津波により陸上に打ち上げられ堆積したものや陸上に存在していた農地土壌等が津波に巻き込まれたもの等）などが混在し、おおむね不燃系の廃棄物

⑤コンクリートがら等：コンクリート片やコンクリートブロック、アスファルトくずなど

⑥金属くず：鉄骨や鉄筋、アルミ材など

⑦廃家電（4品目）：被災家屋から排出される家電4品目（テレビ、洗濯機・衣類乾燥機、エアコン、冷蔵庫・冷凍庫）で、災害により被害を受け使用できなくなったもの。なお、リサイクル可能なものは各リサイクル法により処理を行う

⑧小型家電/その他家電：被災家屋から排出される小型家電等の家電4品目以外の家電製品で、災害により被害を受け使用できなくなったもの

⑨腐敗性廃棄物：被災冷蔵庫等から排出される水産物、食品、水産加工場や飼肥料工場等から発生する原料及び製品など

⑩有害廃棄物/危険物：石綿含有廃棄物、PCB、感染性廃棄物、化学物質、フロン類・CCA（クロム銅砒素系木材保存剤使用廃棄物）・テトラクロロエチレン等の有害物質、医薬品類、農薬類の有害廃棄物、太陽光パネルや蓄電池、消火器、ボンベ類などの危険物等

⑪廃自動車等：自然災害により被害を受け使用できなくなった自動車、自動二輪、原付自転車

　これらの処理をするためには、所有者の意思確認が必要となる。仮置場等での保管方法や期間については、警察等と協議することになる。なお、リサイクル可能なも

のは各リサイクル法により処理を行う。

⑫その他、適正処理が困難な廃棄物：ピアノ、マットレスなどの地方公共団体の施設では処理が困難なもの（レントゲンや非破壊検査用の放射線源を含む）、漁網、石こうボード、廃船舶（災害により被害を受け使用できなくなった船舶）など

これらの災廃物の処理・処分は、後述の災害等廃棄物処理事業費補助金の対象であるが、生活ごみ、避難所ごみ及びし尿（仮設トイレ等からのくみ取りし尿、災害に伴って便槽に流入した汚水は除く）は同補助金の対象外である点には留意が必要である。

## (4) 災害廃棄物処理の初動対応

災害廃棄物処理は、長期的な対応が必要となるため、これを円滑に進めるためには入念な事前準備が必要となる（具体的な事前準備については、第1章9「災害廃棄物処理への備え」参照）。

一方、被災地の早期復興のためには、復旧の総仕上げともいうべき災廃物の処理について、迅速かつ適切な初動対応が求められる。

この点については、環境省が作成した災害廃棄物処理に係る初動対応の手引きが参考になる（環境省環境衛生・資源循環局 災害廃棄物対策室「災害時の一般廃棄物処理に関する初動対応の手引き」（令和3年3月改訂版））。

かかる手引きでは、自治体における発災から3週間程度までの災廃物処理に係る初動対応が時系列で解説されており、フェーズごとに細分化された自治体の初動対応が図解及びチェックリスト形式でまとめられているだけでなく、参考資料として過去の災害時における他の自治体における対応事例もとりまとめてあるため、被災経験の少ない自治体であっても、より実践的な初動対応が可能になるだろう。

## (5) 災害廃棄物の広域処理

南海トラフ地震や首都直下地震のような広域災害（以下「広域災害」という）における災廃物処理事業について、各被災都道府県が個別に対応するとなると、その期間は極めて長期間にわたることになろう。

そこで、広域災害発生時における

災廃物の広域処理の必要性が生じるが、この点に関する現行法制度は十分とはいいがたい。

まず、上述の市町村による都道府県への災廃物処理の事務委託であるが、これはあくまで当該都道府県内の市町村による個別の委託を前提としていると思われ、他の都道府県への委託までは想定されていないと思われる。ただし、条文上はこれを制限する文言はなく、災廃物の広域処理に地方自治法252条の14を活用することは検討に値するだろう。

一方、後述の災対法の改正により、特定の災害が非常災害であるとの政令指定を受け、環境大臣から廃棄物処理特例地域の指定がなされた場合、環境大臣は、当該地域内の市町村の長から要請があり、かつ、一定の条件を満たせば、当該市町村に代わって自ら災廃物処理を行うことができることとなった（災対法86条の5第9項）。

しかし、広域災害が発生した場合、相当数の市町村から上記代行依頼がなされることが想定されるところ、マンパワーの問題もさることながら、廃棄物処理の実務に精通しているとは考えにくい国による代行には、おのずと限界があるだろう。

このように、現行法制度は、大規模災害であっても局所的なものであれば、災廃物に関してそれなりの対応ができるようになっていると考えられるが、広域災害にも耐えうるかについては疑問が残る。

この問題を克服するため、大規模災害発生時には、各都道府県による個別対応の枠組みを超え、かつ、広域災害で同時に被災しなかった自治体間の連携による災廃物の広域処理を実施すべきである（具体的な事前準備については、第1章9「災害廃棄物処理への備え」参照）。

その際には、環境省による「災害廃棄物処理に係る広域体制整備の手引き」（平成22年3月）のうち、「第4章 広域体制に係る災害時対応」及びこれに関連する資料集が参考になる。

**コラム10　災害廃棄物の広域処理モデル　－バックヤード方式－**

　本文で述べたとおり、南海トラフ地震や首都直下地震のような広域災害における災廃物処理事業について、各被災都道府県が個別に対応するとなると、その期間は極めて長期間にわたることになろう。

　この点に関するシミュレーションの一つによれば、首都直下地震により生じる災廃物の処理を各被災都県が個別に行う場合（以下「個別対応方式」という）、その処理期間は推定で約224か月とされており、実に18年以上の年月を要することになる（島岡隆行ほか編『災害廃棄物』（以下「島岡ほか編・災害廃棄物」という）中央法規出版（2009年）175頁〔平山修久〕参照）。

　上述のシミュレーションでは、個別対応方式のほか、様々な方法による広域連携を検討し、それぞれについて災廃物処理期間の推定を行っている。

　その中で推定処理期間が最も短いのは「バックヤード方式」と呼ばれるものである。

　この方式は、全国を8つの地方に区分し、例えば首都直下地震であれば、被災地である首都圏から北海道・東北地方、北陸地方、中部地方の3地方に災廃物を運搬し、さらに、中部地方から近畿地方に、近畿地方から中国地方、四国地方に、中国地方から九州・沖縄地方に運搬する、という多段階による災廃物運搬方式である（「島岡ほか編・災害廃棄物」173～174頁参照）。

　バックヤード方式によった場合、首都直下地震に係る災廃物処理の推定期間は約21か月であり、個別対応方式の10分の1以下の期間で済むことになる（「島岡ほか編・災害廃棄物」175頁参照）。

## (6) 国庫補助

災廃物の処理事業については、廃掃法22条に基づく国庫補助が想定されており、具体的な実務は「**災害等廃棄物処理事業費補助金交付要綱**」（条文は環境省のウェブサイトに掲載されている）に従ってなされている。

当該要綱によると、国庫補助率は原則2分の1だが、自治体負担分の80％について交付税措置が講じられることとされており、特に、阪神・淡路大震災及び東日本大震災については、災害廃棄物処理事業の自治体負担分を災害対策債により対処することとし、阪神・大震災はその95％、東日本大震災は国庫補助率のかさ上げを行いつつ、自治体負担分についても100％を交付税措置によるとする特例措置が講じられている（総務省Q&A9～10頁参照）。

ただし、道路部分に倒壊した家屋の撤去事業は、緊急道路の確保などを目的とする道路啓開工事となり、所管が環境省ではなく国土交通省となるので留意が必要である（神戸市環境局庶務課「阪神・淡路大震災における災害廃棄物処理事業について」都市清掃61巻281号（2008年）14頁参照）。

ちなみに、かかる工事は、阪神・淡路大震災の際には、公共土木施設災害復旧事業として認められたとのことである（神戸市（震災復興本部総括局復興推進部企画課）「阪神・淡路大震災神戸復興誌」（2000年1月17日）574頁参照）。

この場合、公共土木施設災害復旧事業費国庫負担法4条に基づき、費用の3分の2以上が国庫負担となるほか、自治体負担分については起債（地方債）充当が可能であり、当該起債のうち95％について交付税措置が講じられることになる（国土交通省（水管理・国土保全局防災課）「災害復旧技術の実務」（平成27年5月14日）3頁参照）。

## (7) 廃棄物の処理及び清掃に関する法律・災害対策基本法の改正

阪神・淡路大震災及び東日本大震災を踏まえ、災廃物の収集・処理等を迅速かつ円滑に行うべく、2015（平成27）年7月、廃掃法と災対法の一部が改正された（廃棄物の処理及び清掃に関する法律及び災害対策基本法の一部を改正する法律（平成

27年法律58号))。

かかる改正により、災廃物処理に関する原則や、国、自治体、事業者その他の関係者の適切な役割分担、相互連携に関する努力義務などが定められるとともに(廃掃法2条の3、4条の2)、災廃物処理のための一般廃棄物処理施設の届出や設置に関する特例が認められることとなり(廃掃法9条の3の2、9条の3の3等)、上述の環境大臣による災廃物処理の代行に関連する定めが置かれることとなった(災対法86条の5)。

改正の経緯や条文を見る限り、これらの法改正が災廃物の広域処理を意識したものであることは明らかだが、上述のとおりいまだ法制度として十分とはいいがたく、不断の見直しが必要と思われる(改正の経緯や内容の詳細については、下山憲治「地方自治関連立法動向研究11 廃棄物処理〔ママ〕及び清掃に関する法律及び災害対策基本法の一部を改正する法律(2015年7月17日法律第58号)」自治総研448号(2016年2月号)115頁以下に詳しい)。

---

### コラム11　土砂混じりがれきの撤去

(1) 土砂・がれき等の撤去と住民ニーズ

2018(平成30)年7月豪雨(西日本豪雨)の被災地では、被災者から住宅や敷地に流入した土砂・流木・その他がれき類の撤去を求める声が頻出した。明確に他人の所有物であれば、第一次的にはがれき等の所有者に対して撤去を求めることになるが、大規模災害においてそれらを求めることは現実的ではない。加えて、土砂・流木など個人の所有物と特定できなかったり、公的管理下にあったがれき類も流入している。したがって、公的な支援に基づく撤去が実施されない限り、被災地の復旧・復興はできない。

図4-4は、西日本豪雨による被害発生から約2か月間の、弁護士による被災者無料法律相談・情報提供支援活動の中から、相談割合が上位のものを抜粋したものである。「6 工作物責任・相隣関係」の相談の中に、

がれきの撤去に関するニーズの相談が含まれ、大部分を占めている。自治体としては、住民が自力ではがれき・土砂撤去をすることが不可能であることを前提に、公的ながれき撤去申請の窓口を周知することが求められる。

　これらのニーズは、おおよそ大規模土砂災害が市街地などで起きた場合には共通する被災者のニーズと心得ておくべきである。

　(2) 災害救助法に基づくがれき処理

　災救法は「災害によって住居又はその周辺に運ばれた土石、竹木等で、日常生活に著しい支障を及ぼしているものの除去」を救助主体（都道府県等）の責務としている（災救法4条1項10号、同法施行令2条2号）。自治体としては、災救法に基づき国が財政面で主体的に関与するよう積極的に要請する必要がある。また、災害規模が大きい場合には、災救法に基づく特別基準を要請し、がれき撤去の範囲を拡大するなども十分検討しなければならないだろう。

　政府解釈では、災救法による障害物除去とは、特段の緩和措置や柔軟措置がなされない場合、「日常生活上欠くことのできない場所を対象とし、物置や倉庫等は対象とならない。また、住家の一部に障害物が運び込まれても、日常生活を営むのに最低限必要な場所を確保できている場合や、他に被害の少ない建物を所有し、日常生活を営むのに心配のない場合には実施する必要はない」「法による障害物の除去の程度は、被災前の状態に戻す、いわゆる現状復旧を目的とするものではないので、主要な障害物を除去すれば一応は目的を達せられ、その後の室内の清掃等は、通常、居住者によってなされることとしているので、法による障害物の除去には含まないことを原則とする」とするなど（内閣府防災担当「災害救助事務取扱要領」（平成31年4月））、相当狭い範囲となっており、そのままでは被災者のニーズに応えるのは困難である。

　なお、西日本豪雨においては、災救法に基づく障害物除去スキームは浸透せず、(3)及び(4)に述べる国土交通省と環境省が所管する災害等廃棄物処理事業として、がれき等撤去の公的支援が行われた。

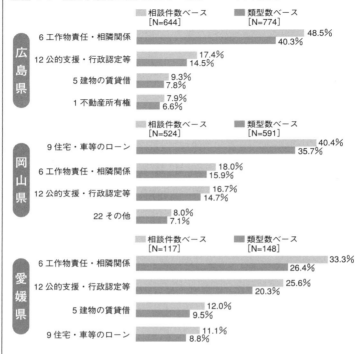

■図 4-4　西日本豪雨の被災者のリーガル・ニーズの傾向

※日弁連「平成 30 年 7 月豪雨無料法律相談データ分析結果（第 1 次分析）」をもとに作成。
相談日は 2018 年 7 月 12 日〜 8 月 31 日。件数は 1299 件。

(3) 災害等廃棄物処理事業（環境省）によるがれき処理

　環境省による災害等廃棄物処理事業は、本来は「がれき」のみが対象である。流木・土砂・土石だけの場合は「廃棄物」ではないので対象外となる。しかし、西日本豪雨では「がれき混じり土砂」についても適用可能としているなど、柔軟な解釈がとられている。大規模災害時には積極的に当該事業の利用を国へ要望する必要がある。事業主体は市町村であり、集積場への運搬なども補助対象となる。加えて、西日本豪雨では、

所有者が自ら先行して宅地からがれき等を撤去した場合に、その費用を事後清算できる扱いとなった。また、(4)の国土交通省による事業と併用したり、窓口を一本化するなど、被災者の申請負担の軽減措置が国から示されるなどした。市町村としては、爆発的な被災者のニーズに対応するため、窓口を早急に設置し、受付体制を整えるべきである。

（4）堆積土砂排除事業（国土交通省）によるがれき処理

国土交通省による堆積土砂排除事業に基づく国庫補助支援を利用する。同事業は、本来は自然物である「土砂」のみが対象である。しかし、西日本豪雨においては、先述の環境省による災害等廃棄物処理事業による「がれき混じり土砂撤去」と併用することができ、窓口一本化による処理を可能とするよう国からスキームが示された。

実施主体は市町村であり、集積場から処分場への運搬も対象となる。ただし、宅地からの撤去や集積場への運搬については「土砂の放置が公益上重大な支障となる場合」という条件がある。大規模土砂災害の場合は、個々の住宅を放置しては、地域全体の復旧が不可能となる。当然に「公益上重大な支障となる場合」に該当するものとして、積極的に制度を利用することが求められる。

# 1　自然災害被災者債務整理ガイドライン

## (1) 制度の概要

### ①ローン支払に関する被災者のニーズ

「災害によって仕事も自宅も失ってしまったが、多額の住宅ローンが残っている。貯蓄はどんどん減っている。破産したら今の事業を再生するための新しい借り入れができなくなってしまうと聞き、どうしたらよいのか全く先が見えない」という類型の相談は、阪神・淡路大震災で深刻なニーズとして浮かび上がり社会問題となった。その後も、東日本大震災、熊本地震、西日本豪雨ではもちろんのこと、全国の局所的な災害でも、常に被災者から寄せられる深刻なリーガル・ニーズである（コラム2「弁護士による法律相談の機能と被災者のリーガル・ニーズ」(31頁)・コラム11「土砂混じりがれきの撤去」(146頁) 参照）。

通常、現在の資産を超える負債を抱えてしまった場合には、裁判所で破産手続と免責手続をとることで、借金を免除し、一定の財産と、破産手続開始後の新しい資産を残すことができる。ただし、破産手続は、信用情報登録（ブラックリスト）や連帯保証人へ確実に請求があるなど、利用者にとってデメリットが大きい。自宅などの処分を伴うことが多く、集落や地域の復興にも大きな支障となる。被災ローンに対する対策は、金融機関と個人だけの問題ではなく、地域全体、自治体全体で講じるべき問題と心得たい。

### ②自然災害被災者債務整理ガイドラインの利用

「自然災害被災者債務整理ガイドライン」とは、破産のように一定財産を手元に残したまま、特定のローンについて、資産で支払える範囲内にまで減免した上、残りを分割、一括、資産売却などの方法で支払う債務整理合意をするためのガイドラインをいう。現在は「**一般社団法人東日本大震災・自然災害被災者債務整理ガイドライン運営機関**」が運営している。これは、破産のようにブラックリストの登録がなく、連帯保証人への請求も原則なされないというメ

リットがある極めて画期的な制度である。ところが、法律上の制度ではなく「ガイドライン」であることから、周知や啓発については今ひとつ他の制度に後れを取っている。被災地復興は、いかにこの制度を利用できる被災者へ伝えるか、にかかっている。

ガイドライン手続を利用した場合の流れは図5-1のとおりである。ガイドラインの利用には、災救法が適用される自然災害の影響があること、個人債務者であること、世帯年収が一定以下であること、支払不能状態であるか近いうちにそのような状況に陥ること、などの条件がある。まずは、「利用できるかどうか、窓口や弁護士に相談してみる」よう促すことが重要である。必ずしも金融機関窓口がガイドラインを熟知していないのが現状だからである。

### ③自然災害被災者債務整理ガイドラインの効果

自然災害被災者債務整理ガイドラインを利用して合意が成立した際には、相当程度の財産を手元に残すことができる。図5-2のとおり、通常の裁判所による破産手続と比べると、相当優遇されており、復興のための原資を残せる。これは地域の金融機関や業者にとっても顧客を失わずに済むことを意味する。

また、被災者が金融機関と交渉する場合には、「**登録支援専門家**」という弁護士のサポートを無料で受けながら進めることができる。自然災害被災者債務整理ガイドラインを利用した例が図5-3である。例では、900万円のローンが350万円に減額され、現実的な支払いに支障がない結果となった。加えて、不動産も残すことができている。

## (2) 制度の周知と説明会

### ①自然災害被災者債務整理ガイドラインの周知啓発

「自然災害被災者債務整理ガイドライン」は、画期的な被災者支援制度として東日本大震災後の被災者の声をベースに弁護士らの提言がきっかけとなり、政府、裁判所、あらゆる金融機関が参画して策定されたガイドラインである。ところが、法律ではないことからその周知と啓発は常に地域格差をもたらす。本来制度が使えるにもかかわらず利用できずにいる被災者は相当多い。

153

■図 5-1　ガイドライン手続利用の流れ

### 1　ガイドラインの手続着手の申出
　最も多額のローンを借りている金融機関等へ申し出を行う。金融機関から借入先、借入残高、年収、資産、預金など状況の聞き取りがある。

### 2　登録支援専門家による手続支援依頼
　金融機関等からガイドラインの手続着手について同意が得られた後、近くの弁護士会などを通じて、自然災害被災者債務整理ガイドライン運営機関に対し、登録支援専門家による手続支援を依頼する。

### 3　債務整理の申出
　金融機関等に債務整理を申し出て、申出書のほか財産目録などの必要書類を提出する。書類作成の際は、登録支援専門家の支援を受けることが可能。債務整理申出後は、債務返済や督促は一時停止となる。

### 4　「調停条項案」の作成
　登録支援専門家の支援を受け、金融機関等との協議を通じ債務整理の内容が記載された「調停条項案」を作成する。

### 5　「調停条項案」の提出
　登録支援専門家を経由し、金融機関等へガイドラインに適合する「調停条項案」を提出し説明を行う。（金融機関等は1か月以内に同意するか否か回答を行う）

### 6　特定調停の申立て
　債務整理の対象と考える全ての借入先から同意が得られた場合は、簡易裁判所へ特定調停を申し立てる。（申立費用は債務者負担）

### 7　「調停条項の確定」
　特定調停手続により調停条項が確定後、債務整理が成立。

※参考：一般社団法人東日本大震災・自然災害被災者債務整理ガイドライン運営機関

■図 5-2　自然災害被災者債務整理ガイドラインと自由財産

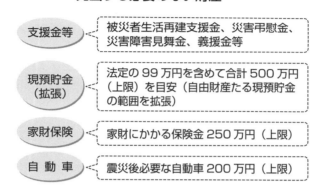

特に東日本大震災の際に作られた同様の制度である「個人債務者の私的整理に関するガイドライン」では、周知啓発に失敗し、1万件を見込んだ利用件数は、1,300件余りの利用しかないという結果に陥った。

②自然災害被災者債務整理ガイドライン周知の必要性

政府（財務省、金融庁）や日本銀行は、災救法が適用される災害があると、金融機関に対しては、次のような内容を含む通知を行う。「自然災害被災者債務整理ガイドライン」の周知や被災ローンへの対策がオールジャパンで実施されるものであることをまずは認識すべきである。

【「災害に対する金融上の措置について」（抜粋）】

被災者に対し、状況に応じ以下の金融上の措置を適切に講ずるよう各金融機関、証券会社等、生命保険会社、損害保険会社、少額短期保険業者及び電子債権記録機関に要請しました。また、今後、災害救助法の適用地域が追加された場合も同様に金融上の措置を適切に講ずるよう要請

■図5-3　ガイドラインを利用した債務整理のイメージ

| | ガイドライン利用前 | ガイドライン利用後 |
|---|---|---|
| 状況 | ●熊本地震で自宅が全壊して、現在仮設住宅に居住。<br>●家計収入の状況は、夫は震災前後で「変化なし」、妻は「震災前8万円（月額）→震災後5万円（同）」と減少。<br>●住宅を再築する場合、返済が困難になるおそれがある。 | ●自動車を返却してマイカーローンの免除を受ける。<br>●住宅ローン450万円の免除を受けて生活再建に必要な資金と土地を確保。<br>●そのうえで、土地の価格相当額350万円を分割返済していくことにした。 |
| 資産 | 預貯金　　　　　　300万円<br>義援金　　　　　　80万円<br>被災者生活再建支援金　100万円<br>土地（350万円）<br>自動車 | 預貯金　　　　　　300万円<br>義援金　　　　　　80万円<br>被災者生活再建支援金　100万円<br>土地（350万円） |
| 負債残高 | 住宅ローン　　　　800万円<br>マイカーローン　　100万円 | 住宅ローン　　　　350万円 |

※金融庁・財務省九州財務局「平成28年熊本地震で被災された皆さまへ」より作成。

しました。併せて、本要請内容について営業店への周知徹底を図るとともに、災害被災者の被災状況に応じて、きめ細かく弾力的・迅速な対応に努めるよう要請しましたので、お知らせします。

●金融機関（銀行、信用金庫、信用組合等）への要請

○災害の状況、応急資金の需要等を勘案して、融資相談所の開設、融資審査に際して提出書類を必要最小限にする等の手続きの簡便化、融資の迅速化、既存融資に係る返済猶予等の貸付条件の変更等、災害の影響を受けている顧客の便宜を考慮した適時的確な措置を講ずること。

○「自然災害による被災者の債務整理に関するガイドライン」の手続き、利用による効果等の説明を含め、同ガイドラインの利用に係る相談に適切に応ずること。

### ③金融機関及び弁護士会と連携した啓発・説明会の実施

債務を背負った被災者が自ら積極的に金融機関を訪れて、制度利用を具申するのは、実際問題としては困

難なことが多い。決して金融機関まかせにせず、自治体側からも、制度を周知し、利用するよう促すことが求められる。

例えば、熊本地震（2016（平成28）年4月発生）では、同年6月の時点で熊本県弁護士会と肥後銀行が、同年7月時点で熊本県弁護士会と熊本銀行が被災者へのガイドライン利用説明会を開催した。その後も複数回開催されるに至っている。説明会には自治体職員らも参加し、市民の相談に対応できる知識の習得を行うなどしている。自治体としては、弁護士会や金融機関の説明会の情報を、公的支援情報と同時に、被災者へ積極的に発信することが求められる（岡本正『災害復興法学Ⅱ』第2部第2章参照）。

また、やや時宜に遅れたものではあったが、東日本大震災後の2012（平成24）年に、仙台弁護士会、七十七銀行、自治体が共同して被災者へのガイドライン利用説明会を複数回実施した実績もある。被災者からは「自治体や銀行から説明されたので安心して窓口に行けた」との反応があったところである（岡本正『災害復興法学』第2部第3章参照）。

## 2 紛争の解決とまちづくり

### (1) 被災地における紛争解決ニーズ

#### ①被災地で起きる紛争とは

図5-4は東日本大震災の仙台市青葉区における被災者のリーガル・ニーズの傾向である。これによれば「5不動産賃貸借（借家）」の相談と「6工作物責任・相隣関係」の相談が全体の中で相当高い割合を占めている。仙台市青葉区は、海に面していないので、津波被害はほぼない地域であるが、大都市で建物が密集していたり、建物賃貸借契約も多いことから、当事者間の紛争という類型が多発する傾向にあることがよくわかる。

#### ②不動産賃貸借を巡る紛争

「不動産賃貸借（借家）」の相談とは、オフィス、アパート、一戸建等

の建物の賃貸借契約の当事者である、家主（賃貸人）と店子（賃借人）の間の争いである。損壊した建物の修繕を巡る費用負担や修繕実施を巡るトラブル、賃料の妥当性を巡るトラブル、退去要求や敷金問題など契約解除を巡るトラブルなど、あらゆる紛争が発生する。津波や地震で地域全体が壊滅的被害を受けているとはいえない被災地であっても、建物がわずかでも損壊すれば、トラブルは確実に発生する傾向にあることを知っておきたい。熊本地震では、震源地に近い大都市である熊本市が建物被害を多く受け、一部損壊住戸も膨大になったことから、相談件数が増大した（コラム2「弁護士による法律相談の機能と被災者のリーガル・ニーズ」（31頁）参照）。

### ③近隣同士の損害賠償を巡る紛争

「6工作物責任・相隣関係」の相談とは、主に「地震により瓦屋根やブロック塀が損壊し、隣家の敷地に落下して壁や車を破損させたが、損害賠償責任があるか」などを内容とするものである。加害者、被害者いずれからも多数の相談が寄せられている。自然災害であるからといって直ちに不可抗力で損害賠償責任が免責になるわけではない。自然災害の寄与度と、建物の欠陥の有無などを考慮して損害額が決まる複雑な判断を必要とするため、当事者間ではなかなか決着が付かないことが多く、紛争やトラブルに発展するのである。この類型の相談は、水害で土砂が流入したケースでも多発する傾向にある（コラム11「土砂混じりがれきの撤去」（146頁）参照）

## (2) 専門家に相談できる拠点の整備

### ①法律相談の紛争解決予防機能

災害後に弁護士が実施する被災者への無料法律相談活動には紛争予防機能と紛争解決機能がある。同種の法律相談が繰り返し被災地で行われることにより、一定の類型の紛争の解決の方向性が浸透し、次第に自主的な紛争解決に至るという効果が生まれるのである。もちろんすべての類型で紛争が終息するわけではないが、弁護士をはじめとする専門家が、正しい法解釈や専門知識を被災者や被災事業者へ伝達することは被災地の復興にとって大きな助けとなる。

自治体は、弁護士ほか専門家が相

■図 5-4　東日本大震災における仙台市青葉区のリーガル・ニーズの傾向

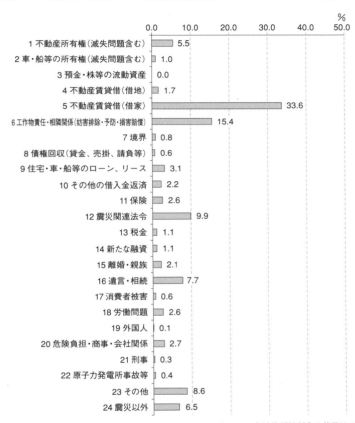

※相談受付日は 2011 年 3 月中旬から 2012 年 5 月下旬まで。各法律相談割合の分母はそれぞれ 1,130 件。　日本弁護士連合会「東日本大震災無料法律相談情報分析結果（第 5 次分析）」（2012 年 10 月）より抜粋。

談活動を実施するための拠点を整備する必要がある。同時に、自治体職員らも弁護士らから様々な知見を吸収し、被災者支援行政や災害法制実務に役立てることが望ましい。

### ②工作物責任・相隣関係の相談の推移

図5-5は東日本大震災から約1年間の宮城県における「不動産賃貸借（借家）」及び「工作物責任・相隣関係」の類型の相談の割合の推移である。全体として見れば、当初は相当高い割合を占めていたものが、次第に終息に向かっているのがわかる。

なかでも「工作物責任」の相談で代表的なものは「地震により、隣家の瓦屋根やブロック塀が損壊し、落下してきて、自身の自宅の壁や車が壊れてしまったが、自然災害による場合でも損害賠償請求できるのか」という内容の相談である。

弁護士らは、通常これらに対しては、「民法の原則としては工作物責任により所有者が無過失責任を負うことになっているが、その要件である工作物（建物や壁など）に『瑕疵』（本来の管理の在り方を逸脱するような状態など）があるかどうかは、自然災害の寄与度も考慮しながら総合判断するので、非常に難しい判断となる。6弱・6強であっても、一概には責任の有無が決まらないので、話し合いによる解決が望ましい」という回答を繰り返していた。このような解決方針が被災地に浸透したことで、紛争が沈静化していった実績がある。

### ③法律相談拠点の整備

阪神・淡路大震災、新潟県中越地震、東日本大震災、伊豆大島土砂災害、関東東北豪雨、広島市土砂災害、熊本地震、糸魚川大規模火災、九州北部豪雨、大阪府北部地震、西日本豪雨、令和元年九州北部豪雨、令和元年台風15号被害、そして令和元年台風19号被害、を含むその他各地の巨大台風被害等をはじめ、多くの被災地で災害直後から弁護士は無料法律相談活動を展開してきた。災害直後から県や市町村の部局と連絡会議を持ち、避難所や市の施設などを利用した無料法律相談ブースを設置したり、避難所巡回相談を実施するなど多数の実績がある。行政による支援情報の伝達や、市民の紛争解決など、日常の自治体窓口業務では

■図 5-5 宮城県（全体）の「5 不動産賃貸借（借家）」・「6 相隣関係・工作物責任（妨害排除・予防・損害賠償）」のリーガル・ニーズの推移

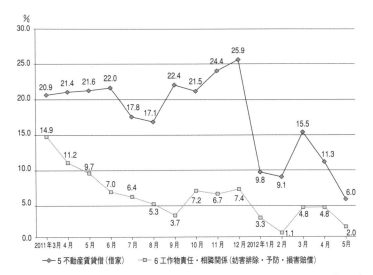

※日弁連「東日本大震災無料法律相談情報分析結果（第5次分析）」（2012年10月）のデータを元に筆者にて加工・作成。年月は相談受付月。

運営が追いつかない分野を専門家などと連携して補完する役目を担う。これらの知見は日本弁護士連合会の災害復興支援委員会や、各都道府県の災害対策委員会に蓄積されている。災害発生前から協定や協議会を設置するなどし、確実な連携をすることが不可欠である。

### (3) 災害ADRへの協力

#### ①災害ADRとは

「災害ADR」又は「震災ADR」とは、弁護士会が災害後に任意に設置する特別の紛争解決システムである。東日本大震災直後に宮城県の仙台弁護士会が始めたことから、その後の災害でも活用される例が多くなった。なお、ADRとは「裁判外紛争解決手続」のことである。

災害ADRとは、裁判所を利用しない、弁護士会による調停手続であり、中立な立場の弁護士が和解仲介のあっせん人として、民事や家事の紛争について、当事者双方の意見を良く聞き、話し合いでの円満解決を目指す制度である。裁判所の民事調停や通常訴訟と比べれば、スピードが速く、柔軟性のある解決が可能となる利点がある。

特徴としては、①災害を原因として発生したあらゆる種類のトラブルの解決に利用できること、②申立手数料、相手方手数料、あっせん弁護士の旅費出張日当の費用負担が原則不要であること、③解決した場合に限り成立手数料が発生すること、である。

### ②災害ADRの手続概要

西日本豪雨における広島弁護士会の取組を例にとり手続の概要をまとめたのが図5-6である。全国で設置される災害ADRもおおむね同様である。

### ③自治体の協力が不可欠

災害ADRの実施には、まずもって物理的な会場の確保が不可欠である。各地の弁護士会の建物設備だけでは限界となる場合がある。そこで、公共施設が利用できるようにしたりするなど、自治体の協力が不可欠となる。市役所設備や公民館設備などを利用できるようにすることが望ましい。また、被災地が広域に及ぶ場合は、県庁所在地の弁護士会館や、弁護士会支部での開催に限らず、「出張ADR」が必要となる。東日本大震災では仙台弁護士会が、仙台市だけではなく、宮城県沿岸部の市町へ出張し、法テラスや市町の設備を利用してADRを開催した実績がある。

## (4) 災害復興段階における法的支援

### ①災害「復興」とは

災害後に頻繁に使われる「復興」とは何であろうか。何をもって復興とするかは立場によって大きく違うため一律の定義を設けることは難しい。そこで、法律を手掛かりに国の方針を考える。まず、東日本大震災復興基本法には「被害を受けた施設を原形に復旧すること等の単なる災害復旧にとどまらない活力ある日本の再生を視野に入れた抜本的な対策及び一人一人の人間が災害を乗り越

### ■図 5-6　弁護士会による災害 ADR の概要例

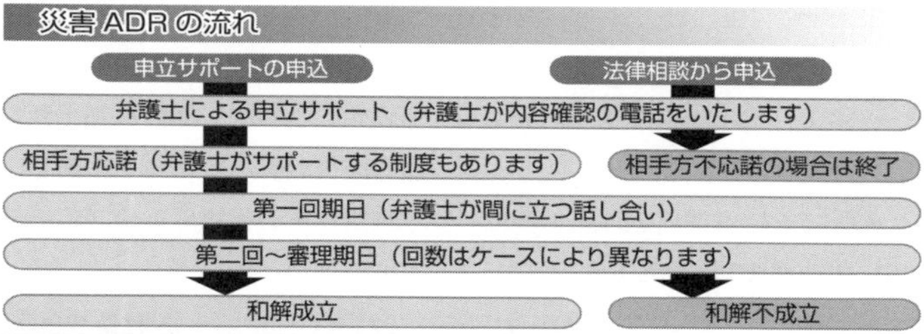

#### 災害 ADR の流れ

```
申立サポートの申込                    法律相談から申込
        ↓                              ↓
   弁護士による申立サポート（弁護士が内容確認の電話をいたします）
        ↓
相手方応諾（弁護士がサポートする制度もあります）　　相手方不応諾の場合は終了
        ↓
   第一回期日（弁護士が間に立つ話し合い）
        ↓
   第二回〜審理期日（回数はケースにより異なります）
        ↓
      和解成立　　　　　　　　　　　　　和解不成立
```

#### 災害 ADR の費用

- ■申立手数料…無料（一般の ADR では 1 万円＋消費税）
- ■相手方手数料…無料
- ■成立手数料…原則として、下表のとおり解決額に応じて算出された金額を申立人と相手方で折半して負担していただきます（一般の ADR の半額）。和解が成立しないときは発生しません。

| 解決金 | 割合 |
| --- | --- |
| 100 万円までの場合 | 4%＋消費税（最低額 2 万 5000 円＋消費税） |
| 100 万円を超え 300 万円の場合 | 2.5%＋1 万 5000 円＋消費税 |
| 300 万円を超え 3000 万円の場合 | 0.5%＋7 万 5000 円＋消費税 |
| 3000 万円を超える場合 | 0.25%＋15 万円＋消費税 |

※参考：広島弁護士会「災害 ADR」。金額の設定は過去の一例である。

---

えて豊かな人生を送ることができるようにすることを旨として行われる復興」（東日本大震災復興基本法2条）との記述がある。また、大規模災害復興法には「当該災害を受けた地域における生活の再建及び経済の復興を図るとともに、災害に対して将来にわたって安全な地域づくりを円滑かつ迅速に推進すること」（大規模災害復興法3条）が、基本理念として示されている。これらを見ると、復興とはハードの復旧だけではなく、人間の生活再建や事業の経済再生というソフト面の対応が強調さ れているといえる。以下に、被災者生活再建とまちづくりの場面における法律専門家と自治体の連携事例のうち主なものを紹介する（平成29年度関東弁護士会連合会シンポジウム冊子「将来の災害に備える平時の災害対策の重要性」参照）。

### ②被災者生活再建における法律専門家と自治体の連携

#### ○住宅再建に関する相談会（東日本大震災）

岩手県弁護士会、各自治体、住宅金融支援機構等が被災者への住宅再

建相談会を開催し、資金計画、助成制度、復興給付金、被災ローン減免制度（個人債務者の私的整理に関するガイドライン）などについて総合的なアドバイスを実施。

## ○生活再建支援事業（2016（平成28）年台風10号豪雨災害）

岩手弁護士会、岩泉町、岩泉町社会福祉協議会、NPO法人らが中心となり「岩泉よりそい・みらいネット」を構築し生活再建情報の提供など寄り添い支援を実施。

## ○被災者生活再建加速プログラム（東日本大震災）

仙台市による仮設住宅から住まい再建への生活再建支援事業の中で、仙台弁護士会が委託事業として被災世帯への戸別訪問をし、弁護士による生活再建相談などを実施。

## ○在宅被災者支援（東日本大震災）

石巻市が、在宅被災世帯に対する戸別訪問の上での生活再建実態調査を仙台弁護士会やNPO法人へ委託。在宅被災者への支援が不十分な実態が浮き彫りになった。石巻市が有する被災者の個人情報については、委託先への個人情報の提供として個人情報保護条例をクリアして実施。

## ○アドバイザリー契約（東日本大震災）

仙台市における仮設住宅退去を巡る問題について、仙台弁護士会から仙台市へアドバイザーを派遣し、行政職員からの相談に有償で応じる契約を締結。

## ○仮設住宅サポートセンター支援（東日本大震災）

東日本大震災後の政府による通知「応急仮設住宅地域における高齢者等のサポート拠点等の設置について」（事務連絡 平成23年4月27日 厚生労働省老健局振興課）に基づき宮城県内に設置された仮設住宅サポートセンターにおいて、被災者支援を実施する支援事務所職員、支援NPOなどに対して、「みやぎ被災者支援サポート弁護士」がアドバイスを実施。

## ○専門士業によるワンストップ相談派遣（平成25年台風26号・伊豆大島土砂災害）

東京都と災害時専門家相談派遣に関する協定を締結している「災害復興まちづくり支援機構」（東京都の弁護士会をはじめとする19専門士業団体（2015（平成27）年当時）で構成される士業連携組織）に所属

する専門士業らが、伊豆大島に1週間派遣され、住民及び行政職員らの生活再建・復興支援相談に対応。

## ○住宅再建支援相談派遣協定（熊本地震）

熊本県南阿蘇村と熊本県弁護士会との間の住宅再建支援に関する弁護士相談派遣に関する協定に基づき、南阿蘇村主催の住宅再建説明会や地域の要請に基づく相談会に弁護士を派遣。

## ③まちづくりにおける法律専門家と自治体の連携

## ○近畿災害対策まちづくり支援機構（阪神・淡路大震災以降）

阪神・淡路大震災（1995年（平成7））を契機に市民によるまちづくりを支援するために設立された士業連携組織であり、旧名称は阪神・淡路まちづくり支援機構という。2017（平成29）年時点では9職種12団体で構成されている。都市計画区域外（白地地区）を中心に、市民と行政の橋渡しや、住宅再建への助言、ワンストップ相談会実施、住民合意形成支援など多数の実績がある。2013（平成25）年には、関西広域連合との間で復興まちづくり支援に関する協定を締結している。

## ○広島弁護士会（2014年8月広島市豪雨災害以降）

2014（平成26）年8月に広島市の安佐北区や安佐南区を中心に大きな被害をもたらした土砂災害からの復興を支援するため、広島弁護士会を中心とする「広島県災害復興支援士業連絡会」（行政組織である法テラスほか14団体で構成）が、まちづくり協議会などに参画し、復興事業説明会、砂防事業説明会などで行政と市民の橋渡し役を担った。このときの実績が、2018（平成30）年7月の西日本豪雨における迅速な支援の開始・行政との連携につながっている。

第6章

役立つ文献・ツール編

# 1　災害法制関連の参考文献

## (1) 著者関連文献等

📖 中村健人「被災者救援法務―発災から復旧までの実務（1）」～「同（17）」『自治実務セミナー』（2015年7月号～2017年2月号）

　災害後の被災者救援のための法務実務を解説した全17回におよぶ連載。発災直後から復旧・生活再建までの時系列を念頭におき、弁護士かつ自治体職員の立場から実務対応を丁寧に描写している。自治体職員として身に付けるべき法政策実務の視点から災害後の対応を解説した希少な著作。本書の原形となるものである。

📖 岡本正『被災したあなたを助けるお金とくらしの話』弘文堂、2020年

　被災後の生活再建の道すじをイメージして、支援制度をイラスト入りでわかりやすく解説したハンドブック。「はじめの一歩」「貴重品がなくなった」「支払ができない」「お金の支援」「トラブルの解決」「生活を取り戻す」「被災地の声を見る」の全7編30話。コンパクトサイズで防災袋に備蓄することを想定した本。

📖 岡本正『災害復興法学』慶應義塾大学出版会、2014年

　東日本大震災における弁護士無料法律相談事例から浮き彫りになったリーガル・ニーズをグラフデータでまとめて解説するとともに、それらを活用して被災者支援や復興政策の提言と法改正等を実現した軌跡を記録した公共政策ドキュメンタリー。「災害復興法学」の基本の教科書。

📖 岡本正『災害復興法学Ⅱ』慶應義塾大学出版会、2018年

　『災害復興法学』の続編。熊本地震や2014（平成26）年広島市土砂災害における被災者のリーガル・ニーズについても詳細なグラフデータで解説。東日本大震災から3年目以降の新たな防災・復興政策の展開や南海トラフ地震や首都直下地震に向けた課題を提示する。

📖 岡本正『災害復興法学の体系―リーガル・ニーズと復興政策の軌

跡』勁草書房、2018年

　災害復興や被災者支援に関する法政策改善の過程と、その原動力となった東日本大震災や熊本地震の無料法律相談データベースの分析結果について徹底的な解説と、法学体系上の整理を試みた、災害復興法学の体系書。残された復興政策の課題や自治体において対応すべき実務上の課題が網羅されている。日本公共政策学会2019年度学会賞奨励賞受賞。

📖岡本正・山崎栄一・板倉陽一郎『自治体の個人情報保護と共有の実務—地域における災害対策・避難支援』ぎょうせい、2013年

　災害時要配慮者や被災者を発災後いかにして救助・支援すべきか、誤解の多い、自治体における個人情報保護と共有の実務について、マイナンバー制度を含めて丁寧に解説する唯一の実務書。災害前に講じるべき施策や条例の先進事例を豊富に掲載する。なお、本書刊行後の個人情報と災害対策に関する自治体先進事例やマンション等都市型課題への対応については、『災害復興法学Ⅱ』や『災害復興法学の体系—リーガル・ニーズと復興政策の軌跡』に詳しい。

📖齊藤誠・野田博編『非常時対応の社会科学—法学と経済学の共同の試み』有斐閣、2016年

　法学者と経済学者が災害復興制度や非常時の行政や制度のあり方を論じる意欲作。第1部第1章に、著者（岡本正）による「非常時対応と個人情報の利活用」を収載。

📖榛沢和彦監修『いのちと健康を守る：避難所づくりに活かす18の視点』東京法規出版、2018年

　避難所・避難生活学会の活動を中心に、避難所環境の改善のための基本的な知識と対応実務を解説。医学、看護、NPO活動、社会学、法学、民間企業、行政などのあらゆる立場から避難所環境を改善する知恵と実務を凝縮。「避難所TKB」を実践し、制度改善も提言。

📖日本弁護士連合会　災害復興支援委員会 編著『改訂版　弁護士のための水害・土砂災害対策QA—大規模災害から通常起こり得る災害まで—』第一法規、2019年

　日本弁護士連合会災害復興支援委員会所属の弁護士らによる水害・土砂災害発災後の被災者支援

や行政相談のノウハウを詰め込んだＱ＆Ａ。水害に限らず、地震、津波、突風、豪雪等の各種災害にも共通する事項がほとんどであり、災害部局必携の書。

📖 室﨑益輝・幸田雅治・佐々木晶二・岡本正『自治体の機動力を上げる 先例・通知に学ぶ大規模災害への自主的対応術』第一法規、2019年

東日本大震災、熊本地震、西日本豪雨等の際に出された通知・事務連絡を紹介することで、過去の災害時における柔軟かつ機動的な対応の実績を学びとることを目的とした実務書。巻末には、一部の省庁にとどまるものの、約1,140通の大規模災害時の通知等のタイトル一覧が収録されている。

## (2) 主な参考文献

📖 山崎栄一『自然災害と被災者支援』日本評論社、2013年

自然災害に関連する法律を解説した基本書。東日本大震災を踏まえた各種事例を取り込んで丁寧に事例解説をしており、実務対応力も高い。現行法制度の課題や改善すべき点の提言も随所に行っている。

📖 佐々木晶二『最新 防災・復興法制―東日本大震災を踏まえた災害予防・応急・復旧・復興制度の解説―』第一法規、2017年

東日本大震災後の大規模な災害法制の改正を担当した国家公務員の経歴を持つ著者による災害法制度に関する実務解説書。それぞれの法律ごとに国の対応すべきポイント、自治体の対応すべきポイントが明確に記述されており、災害法制実務の羅針盤というべき書籍。

📖 津久井進『大災害と法（岩波新書）』岩波書店、2012年

弁護士として被災者支援に携わる第一人者が災害法制の歴史や東日本大震災を踏まえた法改正の経緯、法制度の課題を提言する書籍。被災者の生活再建や復興のための基本法についても提言。

📖 生田長人『防災法（法律学講座14）』信山社、2013年

災害法制研究の第一人者が災害関連法制をまとめて解説した専門の基本書。それぞれの法律ごとに、その成立した背景を詳細に描写し、また災害法制の課題も明確

## 2 被災者の生活再建のための法制度を学ぶ防災教育ツール

### ✿『被災後の生活再建のてびき』東京法規出版、2018年

自治体が共通して利用できる被災者の生活再建に関する主な制度をイラストや図表入りで紹介したパンフレット。「罹災証明書」「被災者生活再建支援金」「自然災害債務整理ガイドライン」をはじめとする制度がわかりやすく解説されている。A4サイズフルカラー16頁。大量印刷注文や名入れ印刷などが可能。著者（岡本正）の監修による。2020年改訂。

### ✿銀座嶋屋『生活のソナエ袋』

老舗文具店が販売するA5サイズの防水書類ファイルケース。ファイルケースの表面・裏面の全面に、「罹災証明書」「被災者生活再建支援金」「自然災害債務整理ガイドライン」「災害弔慰金」などの制度の概要が記載されている。防災訓練時のノベルティグッズとしても重宝。著者（岡本正）の監修による。

### ✿高知県『防災啓発冊子「南海トラフ地震に備えちょき」』令和2年12月改訂版

高知県が作成し、県内全戸へ配布している防災学習教材。発災直後の「命を守る」取組から、助かった「命をつなぐ」ための備えに加え、復旧や復興に向けて「生活を再建する」までを一貫して掲載。2017年3月の改訂により、「被災後の生活を立ち上げる」ための章が新たに設けられ、被災後の生活の困難や悩み、罹災証明書、被災者生活再建支援金、自然災害債務整理ガイドライン等の制度解説、起こりやすいトラブルや紛争等が記載されるに至った（該当部分については著者（岡本正）の監修による）。

### ✿和光市『防災ガイド＆ハザードマップ』

和光市が公表・配布するハザードマップや防災・備蓄の知恵等が記述されたパンフレット。末尾に

「知っておこう：災害時の「お金」「住まい」「契約」の問題」というコーナーが設けられ、「生活を再建するための制度をあらかじめ知っておきましょう。」との呼びかけとともに、罹災証明書、被災者生活再建支援金、自然災害債務整理ガイドライン等の生活再建のための制度が簡単に解説されている（該当部分については著者（岡本正）の監修による）。

### 関東弁護士会連合会『被災者支援制度チェックリスト』

　災害被災者の生活再建や住宅再建に関する支援情報をまとめたもの。関東弁護士会連合会や、複数の弁護士会のウェブサイトからデータをダウンロードできる。A4用紙に印刷し、折れ線に従って折りたたむと、ポケットサイズで携帯することができる。

### 日本弁護士連合会『被災者生活再建ノート』

　災害後に被災者が実施すべき生活再建に向けた各種手続きや制度がノート形式で記述された冊子。チェックリスト機能を果たすと同時に、被災者自らが作成する被災者支援台帳のような役割を果たす。日弁連のウェブサイトからデータをダウンロードできる。

### 高知県立大学災害看護減災ケアラボ『いまから手帳』

　被災後に被災者自身がプロフィール、健康状況、支援制度利用状況などを日記のように記録できる手帳冊子。平成30年7月豪雨の倉敷市真備地区における神原咲子教授の活動が契機で誕生。中長期版の『これから手帳』などもある。「まびケア」のウェブサイトでは「WEB版」が利用できる。

## 3 その他の資料

そのほか、本書でも引用している政府や関係団体が公表している各種ガイドライン、マニュアル、法案解説、報告書については、本書のなかで逐次引用をしているため、原典をダウンロードしたり、取り寄せたりするなどして手元においておき、一度は通読しておくことが望ましい。

# おわりに

　私が「災害復興法学」という学問を興そうとしたきっかけは、2011（平成23）年3月11日の東日本大震災・福島第一原子力発電所事故にある。

　当時は弁護士資格を持ちながら内閣府に出向し行政改革や規制改革分野の政策立案等に従事していた。あまりの壮絶な被害を目の当たりにし、暫くは無力感が私を支配していた。しかし、阪神・淡路大震災や新潟県中越地震等で復興支援を担った弁護士たちや、被災地で奮闘する仲間との出会いが私を動かした。日本弁護士連合会の門をたたき弁護士としても復興支援に関わりたいと希望した。内閣府から兼業許可を得て、日本弁護士連合会災害対策本部室長に就任し、すぐさま弁護士による被災者無料法律相談事例をデータベース化して政策提言の根拠資料として活用すべきではないかと提案した。1年で4万件以上の相談事例を分析し、復興政策の提言や法改正の実現にも関わることができた。

　その後も大学、企業、地域、学会、行政組織等のリスクマネジメント支援の現場で研鑽を重ねていくなかで、災害後の被災者のリーガル・ニーズと災害復興政策の軌跡を記録し、課題を提言し続ける必要性を痛感した。そこで、学問を新たに立ち上げ、教育活動を通じて未来へ知恵を託そうと考えた。こうして2012（平成24）年に慶應義塾大学の講座として産声を上げたのが「災害復興法学」だった。

　その後も熊本地震や、西日本豪雨をはじめとする豪雨災害など、多くの犠牲を出す災害が毎年のように起きている。法制度の政策上の課題を提言し続けることが重要である一方で、既存の法制度をふまえた被災者支援の最前線の現場、すなわち自治体職員一人一人の実務に即時に役立つ政策法務の知恵を伝えることも喫緊の課題となっている。絶望の中にあっても「災害時に役立つ法律」を一つでも知っていたら、それが第一歩を踏み出す確かな希望となり、復興政策を推進する勇気の原動力となるはずだ。これをもっとも実感でき

るのが自治体の最前線の現場に他ならない。そこで、大学講義のノウハウを活かしつつ、「生活再建のための法制度の知識の備え」「津波犠牲者訴訟に学ぶ組織の安全配慮義務と事業継続計画への反映」「災害救助法の徹底活用」「災害対策のための個人情報利活用」などの研修プログラムを開発して全国のあらゆる主体と連携して人材育成等に関わり現在に至っている。

中村健人氏は、弁護士資格を持ちながら、企業と自治体組織内弁護士の双方を経験した稀有なキャリアと専門分野の持ち主だ。中村氏が徳島県小松島市の任期付職員であったころに、拙著『災害復興法学』を手に取り本書の原型ともいえる『被災者救援法務』の雑誌連載に繋がったという。その熱意と勤勉さには、旧知の同期弁護士であることも手伝ってか、当時から大いに刺激を受けていた。ついには本書の企画を立ち上げ、共著者として声をかけてくれたことに心から誇りを覚える。

本書を世に送り出してくださった第一法規の皆様に感謝を申し上げたい。また、災害復興法学研究とその実践による防災教育を支えてくれた多くの方々とのご縁があってここまでたどり着くことができた。岡本全勝・元復興庁事務次官には、本書について「全ての自治体職員に学んで欲しい」との推薦を賜ったことにつき重ねて御礼を申し上げる。本来であれば一人一人に個別の御礼を申し上げなければならないところであるが、あまりに多く記し尽くせないことをお詫び申し上げ、これまでのすべての出会いに感謝して本書のおわりの言葉とさせていただきたい。

令和元年10月吉日
岡本　正

# 改訂版　おわりに

　前版の出版直後から、自治体職員の方のみならず、災害復興支援に関わる多くの団体や企業の皆様が本書をお手に取ってくださった。前版からわずか1年半で改訂を出版できたことに、心から感謝を申し上げたい。多くのステークホルダーが災害対応と復興支援の政策法務実務の重要性を認識し、より効果的な被災者支援や法制度の改変を目指すことを願ってやまない。

　令和2年から新型コロナウイルス感染症が世界的にまん延し、わが国も感染症まん延下で「令和2年7月豪雨」が起こった。これまでの災害対応の教訓が生かされ、感染症対策や災害時要配慮者対策のための避難所環境整備や、災害救助法の支援基準の運用改善が大きく進展したことは注目に値する。

　令和3年4月には災害対策基本法が改正され、災害時の情報発信や支援も大きく進展することが見込まれている。特に避難行動要支援者名簿だけではなく、自治体による個別避難計画策定の努力義務が明確になったことは、被災者救援法務とその準備に大きな影響を与えるだろう。また、同年5月には個人情報保護法制を一元化する法改正もあった。かねてより「災害復興法学」のなかでも、その解消を提言し続けていた「個人情報保護法制2000個問題」は令和5年には解消され、共通ルールが適用される見込みである。そのなかで災害時の個人情報の利活用により、一人一人の命をどう救い、生活再建支援へつなげていくかは、今後も政策課題として取り組んでいく必要がある。

　改訂では、前版に引き続き、岡本全勝・元復興庁事務次官から推薦と激励の言葉を賜った。著者一同、今後も絶え間ない法制度と運用の改善へ貢献できるよう精進したい。最後になったが、前版から一貫してお世話になっている第一法規の皆様と共著者で頼れる同期弁護士である中村健人氏に改めて感謝を申し上げる。

令和3年6月吉日

岡本　正

# 索引 (五十音順)

## ■ あ行

安全配慮義務……………………65
安否確認……………7, 11, 40, 44
安否情報……………12-14, 40-45
一時滞在施設……………………66
一般基準………52-55, 57, 58, 61, 62, 65, 68, 69, 78-80, 92, 98, 100-103, 109-111
一般社団法人東日本大震災・自然災害被災者債務整理ガイドライン運営機関……………152, 154
一般廃棄物………………………140
一般避難所………………………52
因果関係………………122, 123
エコノミークラス症候群………63, 66-68
応急仮設住宅……………………98
応急修理制度……………104, 118
オンライン結合禁止条項…………91

## ■ か行

海上保安庁防災業務計画…………40
簡易ベッド………55, 58, 60, 61, 66-69
技術士……………………………30
行政書士…………………………29
緊急小口資金……………130, 131
緊急災害対策派遣隊 (TEC-FORCE)………………72
緊急消防援助隊…………38-40, 69
緊急消防援助隊の概要……………39
緊急通行車両……………15, 69, 70, 80, 88
緊急輸送道路ネットワーク計画……………………………71
金銭支給型支援…………130-132
金融上の措置……………………155
Googleパーソンファインダー……41
警察災害派遣隊………………39, 69
契約照会………………118, 133
下水道地震・津波対策技術検討委員会……………………15, 84
下水道地震・津波対策技術検討委員会報告書－東日本大震災における下水道施設被害の総括と耐震・耐津波対策の現状を踏まえた今後の対策のあり方－………15, 84
下水道報告書……………84, 85
検案……………………107, 108
健康保険証……………31, 49-51
原子力災害対策指針………………4
建設型応急住宅………18, 59, 97, 99-103
建築士……………………………30
建築士会…………………………27

177

現物支給……………………62, 63
広域一時滞在…………………………80
広域火葬…………19, 20, 109-111
広域火葬計画……19, 20, 109-111
広域火葬計画の策定について（通知）……………………………19
広域火葬計画の策定の推進について（通知）………………20, 110
公共料金………89, 118, 131, 132
工作物責任……33, 115, 146, 157, 158, 160, 161
交通規制権限……………………………71
公認会計士…………………………30
神戸市における災害時の要援護者への支援に関する条例…………10
個人債務者の私的整理に関するガイドライン………………155, 164
個人情報保護条例………9, 10, 12, 43, 45, 89-91, 164
個別避難計画…………………11, 12

■ さ行

災害ADR…………………161-163
災害援護資金………120-122, 131
災害関連死……58, 63, 65, 66, 68, 118, 123, 125
災害救助事務取扱要領………18, 52, 62, 63, 110, 147
災害救助法による救助の程度、方法及び期間並びに実費弁償の基準（一般基準）……………52, 57

災害協定………24-27, 55, 60, 64, 66, 81, 117
災害時応援協定（災害協定）……………………………55
災害時協力協定……………………24
災害時における情報交換及び支援に関する協定書………………72
災害時における廃棄物処理対策に関する調査結果（環境省）……22
災害時における民間賃貸住宅の活用について（手引書）…………19
災害障害見舞金……118, 120, 121
災害対策基本法等（安否情報の提供及び被災者台帳関連事項）の運用について…………13, 41, 87
災害弔慰金…………114, 118, 120, 122-126, 130, 136, 171
災害弔慰金支給審査委員会
…………………………122-124
災害等廃棄物処理事業費補助金交付要綱……………………145
災害廃棄物……………21-23, 140, 142-145
災害廃棄物処理に係る広域体制整備の手引き………………23, 143
災害廃棄物処理に関する協定……22
災害派遣医療チーム…………46, 48
災害派遣精神医療チーム（DPAT）……………………48
災害発生時における物資輸送に関する協定……………………73

災害法制実務‥‥‥27-29, 54, 160, 170
災害用トイレガイド‥‥‥‥‥‥64
災廃物‥‥‥‥‥‥‥‥‥140-146
債務免除型支援‥‥‥‥‥131, 132
産業廃棄物‥‥‥‥‥‥‥‥‥140
士業連携組織‥‥‥‥27, 164, 165
地震等緊急時対応の手引き
　‥‥‥‥‥‥‥‥‥‥‥15, 83
自然災害被災者債務整理ガイドライン‥‥‥‥‥‥118, 131, 138, 152-157
自然災害避難所環境アセスメントスコア‥‥‥‥‥‥‥‥‥‥66
死体検案書‥‥‥‥‥‥‥‥‥108
市町村地域防災計画‥‥‥‥‥2, 3
指定行政機関‥‥‥‥‥‥‥2, 40
指定公共機関‥‥‥‥‥‥‥2, 80
指定公共機関等‥‥‥‥‥‥80, 81
指定地方公共機関‥‥‥‥‥‥80
指定避難所‥‥‥‥‥‥3, 5, 6, 60
支払減免‥‥‥‥‥‥‥‥‥‥118
渋谷区震災対策総合条例‥‥‥‥10
司法書士‥‥‥‥‥‥‥‥‥‥29
社会福祉士‥‥‥‥‥‥‥‥‥30
社会保険労務士‥‥‥‥‥‥‥29
住宅金融支援機構‥‥‥‥134-136, 163
住宅ローン‥‥‥31, 131, 135, 152
情報伝達‥‥‥‥‥‥20, 21, 137
自立更生計画‥‥‥‥‥‥‥‥128

新型コロナウイルス感染症‥‥‥‥8, 59, 60
人材育成‥‥‥‥‥‥‥‥‥‥29
審査委員会‥‥‥‥‥‥‥122-125
震災ADR‥‥‥‥‥‥‥‥‥161
水道協会手引き‥‥‥‥‥‥‥84
スフィア・ハンドブック‥‥‥‥55
スフィアプロジェクト‥‥‥‥‥55
生活必需品‥‥‥‥‥‥57, 61, 80
生活福祉資金貸付制度‥‥‥‥130
生命保険‥‥‥‥‥‥118, 133, 155
税理士‥‥‥‥‥‥‥‥‥‥‥29
全国市長会‥‥‥‥‥‥‥‥‥26
相当因果関係‥‥‥‥122, 123, 125
損害保険‥‥‥‥‥‥118, 133, 155

■ た行
大規模災害時における御遺体の埋火葬等の実施のための基本的指針‥‥‥‥‥‥‥‥‥‥‥19
大規模災害時の保健医療活動に係る体制の整備について（通知）
　‥‥‥‥‥‥‥‥‥‥‥‥48
大規模災害発生時における地方公共団体の業務継続の手引き‥‥25
台帳‥‥‥‥‥‥‥‥‥‥87-98
第2次避難先‥‥‥‥‥‥92, 97, 98
男女共同参画‥‥‥‥‥‥‥74, 75
地域防災計画‥‥‥‥2-4, 9, 11, 26, 64
中央防災会議‥‥‥‥‥‥‥2, 49

中小企業診断士·····················30
賃貸型応急住宅··········18, 19, 59, 97-100, 106
賃貸借·····················31, 33, 158
DMAT·················46, 47-49
テント村避難者····················129
トイレ······8, 14, 58, 60, 63-66, 69, 76, 85, 86, 142
トイレ基本計画···············63-66
登録支援専門家···········153, 154
特定非常災害特別措置法········102
特別基準········53, 58, 60-62, 65, 68, 69, 78, 92, 101-103, 110, 147
特例許可証·························109
土砂混じりがれき…146, 152, 158
土地家屋調査士·····················30
都道府県社会福祉協議会········130
都道府県地域防災計画···············2

■ な行

内閣府避難所指針········7, 53, 56, 78, 79, 97
南海トラフ地震における具体的な応急対策活動に関する計画·····49
日本医師会災害医療チーム（JMAT）·····················48
日本赤十字社防災業務計画·····127
日本DMAT活動要領···············47
日本弁護士連合会（日弁連）··············26, 117, 139, 161

■ は行

バリアフリー·················59, 104
被災者再建支援金····················87
被災者支援に関する各種制度の概要·····················115, 131, 132
被災者生活再建支援金·····89, 114, 117, 119, 130, 131, 136, 171
被災者台帳········3, 13, 16-18, 41, 53, 87-98
被災者台帳作成チェックリスト（平時の準備）····················17
被災者台帳の共同利用·············91
被災者台帳の作成等に関する実務指針·····················17, 92
避難行動要支援者···········9-12, 97
避難行動要支援者支援体制の構築について·····················11
避難行動要支援者の避難行動支援に関する取組指針···········11, 12
避難行動要支援者名簿·····················3, 9-12, 97
避難支援等関係者·············10-12
避難者名簿···············52, 53, 97
避難所運営ガイドライン···········8, 53-56, 63, 65, 68, 74
避難所TKB··························60
避難所におけるトイレの確保・管理ガイドライン·············63, 65
避難所における良好な生活環境の確保に向けた取組指針········7, 97
福祉避難所········6, 52, 54, 78, 79

復興計画……………………………4
不動産鑑定士………………………29
平成28年熊本地震に係る初動対
　応の検証レポート………………47
平成26年度被災者台帳調査業務
　報告書………………18, 89, 98
弁護士……24-27, 29, 31, 49, 86,
　117, 123-125, 139, 146, 153,
　158, 160, 162, 164
防災基本計画……………2, 47, 126
防災業務計画………2, 40, 72, 127
法律相談………24-27, 29, 31, 86,
　117, 139, 146, 158, 160
保健医療活動チーム…………47-49
保健医療調整本部……………48, 49

■ ま行
マイナンバー……………17, 89, 92
まちづくり………26, 27, 30, 157,
　163-165

■ や行
行方不明者…………12-14, 20, 41,
　43-45
行方不明者情報開示タイムライン
　………………………………13
要配慮者……6, 9, 55, 74, 78, 79,
　89, 93, 94, 97, 98

■ ら行
ライフライン………14, 15, 82, 99

リーガル・ニーズ………31, 114,
　115, 152, 157
罹災証明書…………3, 29, 30, 51,
　87-89, 117, 118
リバースモーゲージ……134, 136

181

## 著者略歴

### 中村　健人（なかむら　たけひと）

早稲田大学大学院法学研究科、神戸大学大学院経済学研究科卒（法学修士、経済学修士）。

2003年弁護士登録（大阪弁護士会）。法律事務所、民間企業、自治体での各勤務を経て、現在弁護士法人東町法律事務所所属（兵庫県弁護士会）、小松島市法務監を務める。公職として小松島市空家等対策協議会会長。自治体学会、日本公共政策学会、法曹有資格者自治体法務研究会所属。主な著書に『改正行政不服審査法 施行令対応版 自治体の検討課題と対応のポイント』（第一法規、2016年）、『自治体職員のための民事保全法・民事訴訟法・民事執行法』（第一法規、2017年）、『ケーススタディ行政不服審査法－自治体における審査請求実務の手引き－』（第一法規、共著、2018年）、『改正民法対応！自治体職員のためのすぐに使える契約書式解説集』（第一法規、共著、2020年）ほか。

### 岡本　正（おかもと　ただし）

慶應義塾大学法学部法律学科卒業、2003年弁護士登録（第一東京弁護士会）。都内法律事務所勤務を経て、現在は東京弘和法律事務所所属。2009年から2011年まで内閣府行政刷新会議事務局上席政策調査員。2011年から2017年まで文部科学省原子力損害賠償紛争解決センター総括主任調査官。2012年に「災害復興法学」を創設し、慶應義塾大学等で講座を持つ。2013年度から2016年度に中央大学大学院公共政策研究科客員教授も務めた。2017年に新潟大学大学院現代文化社会研究科にて博士（法学）を取得。2019年度より岩手大学地域防災研究センター客員教授。主な著書に『災害復興法学』（慶應義塾大学出版会、2014年）、『災害復興法学Ⅱ』（同、2018年）、『災害復興法学の体系：リーガル・ニーズと復興政策の軌跡』（勁草書房、2018年）、『自治体の機動力を上げる 先例・通知に学ぶ 大規模災害への自主的対応術』（第一法規、共著、2019年）、『図書館のための災害復興法学入門－新しい防災教育と生活再建への知識』（樹村房、2019年）、『被災したあなたを助けるお金とくらしの話』（弘文堂、2020年）ほか。

サービス・インフォメーション
───────── 通話無料 ─────────
① 商品に関するご照会・お申込みのご依頼
　　TEL 0120(203)694／FAX 0120(302)640
② ご住所・ご名義等各種変更のご連絡
　　TEL 0120(203)696／FAX 0120(202)974
③ 請求・お支払いに関するご照会・ご要望
　　TEL 0120(203)695／FAX 0120(202)973

● フリーダイヤル（TEL）の受付時間は、土・日・祝日を除く
　9：00～17：30です。
● FAXは24時間受け付けておりますので、あわせてご利用ください。

---

## 改訂版　自治体職員のための　災害救援法務ハンドブック
── 備え、初動、応急から復旧、復興まで ──

---

2021年8月20日　初版発行

著　者　　中村　健人・岡本　正
発行者　　田　中　英　弥
発行所　　第一法規株式会社
　　　　　〒107-8560　東京都港区南青山2-11-17
　　　　　ホームページ　https://www.daiichihoki.co.jp/

---

災害法務ハン・改　ISBN 978-4-474-07633-4　C2032 (1)